Stb

FOSTER PERRY US-Amerikaner, griechischer Abstammung, wurde vor 19 Jahren von einem Blitz getroffen und überlebte. Während er noch am Boden lag, begann er seltsame Geräusche zu hören, und er sah einen Kolibri vor seinem inneren Auge schweben. Durch diese und viele anderen Visionen sowie einer stark gesteigerten Wahrnehmungsfähigkeit begann er dann eine mehrjährige Ausbildung bei Schamanen verschiedener Nationalitäten und Kulturen und lernte mit seiner Begabung umzugehen. Seit 1987 ist er als Schamane, Workshopleiter und Heiler in 24 Ländern tätig und arbeitet bisher mit über 15.000 Teilnehmer in Einzelbehandlungen, Workshops und Trainings.

In seinem ersten Buch beschreibt Foster Perry sein Erwachen als Schamane und Heiler: Das Buch ist die Beschreibung seiner persönlichen Entwicklung, den Fehlern, Schwächen und nachfolgenden Erkenntnissen und Bewußtseinserweiterungen – in einem packenden, mitunter auch poetisch-künstlerischen Stil verfaßt. Sie erhalten eine Vorstellung von der multidimensionalen Realität der Gegenwart, von welcher unser gewöhnliches Leben durchdrungen ist. Mit seinem Reichtum an Geschichten, Visionen, Anekdoten und Lehren führt Sie dieses Buch durch die Entwicklung des Autors und macht Ihnen die Geschehnisse Ihres eigenen Lebens transparenter. Dabei wird anschaulich, wie Foster Perrys persönlicher Heilungsstil, die »Hummingbird Medicine« (Kolibri-Medizin), entstand. Auch seine außergewöhnliche Gabe, Hilfesuchenden mit viel Leidenschaft, Hellsichtigkeit und Kraft persönliche Orientierung und tiefe, heilsame Selbsterfahrung zu vermitteln, tritt klar hervor.

Foster Perry

Der Pfad des Kolibris

Mein Weg zum Schamanen

– Stationen einer Visionsreise –

Schirner Taschenbuch

Die amerikanische Originalausgabe erschien 1993
unter dem Titel
When Lightning strikes a Hummingbird

Deutsche Erstausgabe

ISBN 3-89767-423-8

1. Auflage

Umschlaggestaltung: Murat Karaçay
Satz und Redaktion: Eleni Efthimiou
Herstellung: Reyhani Druck und Verlag, Darmstadt

www.schirner.com

Inhaltsverzeichnis

To the ancient living spirit
of the hummingbird,
who opens the joy in our hearts
as we become our future
on the path of the Beauty Way,
and to my parents,
Gerald and Aliki Ypsilanti-Perry

Vorwort zur deutschen Erstausgabe

Foster Perry, seine heilerischen Fähigkeiten und schamanischen Ausbildungen haben mein Leben während der letzten 10 Jahre begleitet und beeinflußt.

Das vorliegende Buch ist sein Erstlingswerk, geschrieben kurz bevor ich ihn 1994 in Brasilien kennenlernte. Diese erste Begegnung mit Foster Perry möchte ich gerne mit Ihnen teilen, um im Anschluß daran eine Vorstellung davon zu geben, was in der Zwischenzeit, also nach Erstellung dieses Buches geschah: Damals wartete ich zusammen mit einer kleinen Gruppe von Personen auf dem Flughafen von Campo Grande auf seine Ankunft. Alle waren wir mit Rasseln, Trommeln und anderen Musikinstrumenten ausgerüstet. Dann begrüßten wir ihn lautstark und er bedankte sich für den unerwarteten Empfang. Während dieser Viertelstunde geschah etwas überraschendes mit mir: ich verspürte den Wunsch, alle Anwesenden zu umarmen; ich hatte nur nicht den Mut, es wirklich zu tun.

Stunden später saßen wir auf der Veranda einer Fazenda und er erzählte von seinem Besuch bei brasilianischen Indianern. Die offizielle Übersetzerin war noch nicht da und so übersetzte ich seine Schilderung, wie er zuerst neugierig beäugt wurde und, als die Indios von seinen heilerischen Fähigkeiten erfuhren, bildete sich eine lange Schlange von Menschen, die alle von ihm behandelt werden wollten. Ich glaube, er brauchte dafür einen ganzen Tag. Die Geschichte hörte sich an, als wäre sie vor längerer Zeit geschehen - zum Schluß sagte er, er wäre heute morgen aus dem Urwalddorf abgereist. Es war die Geschichte von dem, was gerade passiert war! Ich war von der Schilderung so in den Bann gezogen, daß ich an seiner Stelle wohl Tage gebraucht hätte, um mich von den Ereignissen zu lösen und wieder in der »normalen Welt« anzukommen. Für ihn schien das »Wandeln zwischen den Welten« dagegen sehr einfach zu sein.

In den nächsten Tagen beeindruckte Foster mich tief mit seiner Gabe, die Seele der Menschen zu erblikken, ihre Bedürfnisse zu fühlen und Wege zu finden, um psychische Wunden und Traumata zu umarmen und zu heilen. Er schickte mich auf eine Reise in mich selber - eine Art von Reise, wie sie in diesem Buch spürbar wird. Seine Ausdrucksweise war damals sehr mythologisch und ich wünschte mir des öfteren, ich hätte im Geschichtsunterricht mehr über die griechische Mythologie erfahren, um die Geschichten und Gleichnisse, die er benutzte, jetzt besser zu verstehen.

Mittlerweile kenne ich Foster seit vielen Jahren, bin einer seiner Organisatoren und fand es sinnvoll, wenn die deutschsprachigen Leser einen Hinweis auf seine heutigen Tätigkeiten erhalten würden. So schlug ich ihm vor, er solle für die deutsche Ausgabe ein Vorwort schreiben - zu meiner Überraschung vertraute er mir diese Aufgabe an. Das vorliegende Buch beschreibt die Geburt eines Heilers und seine ersten Jahre auf dem schamanischen Pfad. Inzwischen verging über ein Jahrzehnt und ich wünschte mir eine Zauberformel, wie ich den Lesern die Entwicklung während dieser Zeit vermitteln könnte. Beispielsweise ist seine Sprache nicht mehr so stark von der griechischen Mythologie geprägt (heute fiel mir auf, daß das Manuskript im Schirner Verlag von der einzigen griechigstämmigen Mitarbeiterin betreut wurde ... Zufall?). Inzwischen gründete er die »Hummingbird Medicine«, leitet neben Workshops auch Heilertrainings und bereitet die Veröffentlichung eines Heilerhandbuchs vor.

Termine für Workshops und Seminare auch in Deutschland können im Internet unter www.schirner.com und www.goldenhummingbird.com in Erfahrung gebracht werden, außerdem informiert Sie der SSD - Seminar Service Deutschland gerne auch persönlich - füllen Sie dazu einfach die beiliegende Postkarte aus und senden Sie sie mit Ihrer Anschrift an Schirner Buchhandlung / SSD, Elisabethenstrasse 20-22, D-64289 Darmstadt.

Ich wünsche Ihnen die Entdeckung innerer Welten und die tiefe Einheit,

Upanishad K. Kessler

Juni 2004

Vorwort

Ich habe mich schon immer dem Wald sehr verbunden gefühlt. Mein Vorname Foster ist eine Kurzform des englischen Wortes *forester*, Förster, jemand, der in der Wissenschaft des Pflanzens und Pflegens von Wäldern bewandert ist. Mein Nachname Perry deutet auf Birnbäume hin. Als ich nach Santa Fe zog, pflanzte ich einen Birnbaum in meinem Vorgarten, den ich mit unendlicher Hingabe pflegte. An der Eingangstür meines Hauses hängt ein Schild mit folgender Inschrift: »Haus der Geschichte der Bäume, Hüter der Seele des Waldes.« Alle meine Kindheitserinnerungen kreisen um den, wie ich ihn nenne, »violetten Wald«, weil die Baumspitzen in der Abenddämmerung eine violette Farbe annehmen. Die Nacht machte den Wald zu einer veilchenfarbenen Decke, die meinen Körper einhüllte, um meinen kindlichen Geist warm zu halten und zu beschützen. Ich suchte in der Nachtluft nach Eulen und fühlte mich sicher genug, um die Dunkelheit und das Chaos meiner wilden Seele erforschen zu können.

Dieses Buch ist die Erzählung meiner Suche nach meiner eigenen Seele und der der Welt. Um zu verstehen, warum ich lebendig bin und wie ich vollkommen lebendig sein kann, wollte ich meine Wurzeln, Ursprünge und Tiefen benennen. Ich wollte die Geliebte, das Selbst, kennenlernen.

Meine Klienten fragen mich immer: »Wann hast du mit deiner Arbeit begonnen?«, oder: »Wo wurdest du geboren?« Ich bin Grieche, Ostinder, Spanier, Portugiese und Ire, und dies ist eine Autobiographie darüber, wie es dazu kam, daß ich auf das leidenschaftliche

Spiel meiner Seele hörte und begann, mich in der Welt zu Hause zu fühlen.

Die in diesem Buch beschriebenen Erlebnisse habe ich bisher für mich behalten, obwohl ich mich einen Geschichtenerzähler nenne. Ich wollte das Gold meiner Erfahrung nicht mitteilen, bevor ich es verarbeitet hatte. Nun ist es an der Zeit, den ganzen Schmerz als Liebe mitzuteilen – die romantische Spiritualität meiner Jugend, die Klischees der New-Age-Kristalle und des Channelns, den Schatten der Gewalt und der Naivität, die Isolation und die Einsamkeit des Egos und meine Wiedergeburt durch die Bewältigung meiner Vergangenheit mit meinen Eltern und meiner Familie. Seitdem ich dieses Buch geschrieben habe, fühlen meine Eltern und ich uns einander näher und verbundener. Es ist, als ob ein großes Gewicht von uns genommen und aufgelöst worden sei. Dieses Buch hat mich verwandelt.

Niemand heilt einen anderen Menschen wirklich. Wenn wir wie ein leeres Gefäß sind, geschieht Heilung durch uns. Dienen hilft uns, unsere eigene Seele zu verwandeln. Während einer noch nicht lange zurückliegenden Nahtoderfahrung verließ ich meinen Körper und betrachtete mein Leben aus einer anderen Perspektive. Ich erinnerte mich nicht an das, was ich in diesem Leben erreicht hatte, an meine Ziele oder meine Erfolge. Ich erinnerte mich an die Qualität meines Liebens und die Qualität der Liebe, die ich von anderen erhalten hatte. Alles, woran wir uns nach dem Sterben erinnern, ist das Öffnen des Herzens, um einen anderen Menschen zu spüren und uns an uns selbst zu erfreuen. Wir sind lebendig, um auf der Erde in Abhängigkeit voneinander zu leben. Zu wissen, wie sich eine andere Person fühlt, und über uns selbst und unsere beschränkte Perspektive hinauszugehen sind die Gründe, warum wir leben.

Ich benutze Achtsamkeit als Übung, um langsamer zu werden und die Welt so zu sehen, wie sie ist. Langsames Essen, achtsam auf dem Boden zu gehen, jeden Atemzug, jede Empfindung und jede Nuance eines Gedankens mit einem inneren Lächeln wahrzunehmen – all dies sind Übungen der Achtsamkeit. Einige meiner Klienten sind HIV-positiv und haben von mir diese Techniken gelernt, um in ihrem Körper präsent zu sein, jeden Atemzug und jede Bewegung der Haut zu spüren und zu lieben, und ihr Leben durch bewußtes Atmen zu bereichern.

Menschen, die zuerst verwirrt und gequält zu mir gekommen waren, lernten im Verlauf einiger Monate, sich zu entspannen, sich aufmerksam durch ihren Schmerz hindurch zu atmen, zum ersten Mal Farben in der Landschaft wahrzunehmen und die Ekstase des einfachen Seins in der Natur zu erleben. Viele der HIV-Infizierten wurden allmählich HIV-negativ und befanden sich sicher auf ihrem Weg zu einem neuen Leben in diszipliniertem Bewußtsein. Geduld, die allmähliche Arbeit, Körper und Seele zu ehren, sind schwierige Sachen. Sie braucht Vertrauen, Ausdauer, Kooperation und Festhalten an dem Glauben an die uns innewohnende Güte.

Niemand ist schlecht, ganz gleich, was er tut oder wie er sich fühlt. Niemand ist unvollkommen, und niemand ist größer oder geringer als der andere. Wir sind alle gleich, weil wir alle aus der gleichen Essenz kommen. Die Hingabe an die Liebe ist die Hingabe an unser wahres Selbst. Das Leben ist ein Spiegel des urteilslosen Annehmens der unterschiedlichen Masken der Essenz.

Wenn unsere Persönlichkeit sich unserer Seele hingibt, sind wir auf einzigartige Weise mit dem Selbst, das Gott ist, verbunden. Dadurch entsteht eine Realität, die weitaus größer ist als unsere beschränkte Perspektive. Wir sind hier, um Gott bewußt zu machen und um Gott dabei zu helfen, die Schöpfung zu fühlen. Wir sind kreative Hüter einer neuen Erde.

Die Praxis leidenschaftlichen Lebens verlangt Unterscheidungsvermögen und Zuhören. Zu den Lehren dieses Buchs gehören Zuhören und die Etymologie der Wörter, das Horchen auf unsere Träume, Mythen und Märchen, das Wahrnehmen der heiligen Geometrie in der Natur, die archetypischen Prozesse innerhalb und außerhalb unserer Psyche und den menschlichen Körper. Wir können die verlorenen Geheimnisse unserer Seelen hören. Ich höre das Leben als die Stimmen von Geistern und Vorfahren, des Geistes des Landes, als die inneren Stimmen von Tieren und den Klang von Gegenständen. Ich unterscheide Bilder und Bedeutungen und horche auf ihre Kombinationen.

Ich schreite leichtfüßig auf der Erde, um den Klang der Stimmen aus der Entfernung wahrzunehmen. Wir sind von nichts und niemandem getrennt. Wir können den Schmerz eines anderen Menschen einatmen und Vertrauen, Güte und Liebe ausatmen. Wenn wir jedoch nur mit unserer Persönlichkeit identifiziert sind, fühlen wir uns allein und sehnen uns nach Kommunion mit dem Selbst. Durch die Umarmung unserer Einsamkeit und des resultierenden Chaos verbinden wir uns wieder mit der Menschheit und werden zu kreativen Vertretern des Selbst.

Ich nehme über Literatur Verbindung zur Seele meiner Klienten auf. Bevor ich mit Menschen arbeite, lese ich ihnen Gedichte vor – von Rainer Maria Rilke, Rumi, Lalla, Anthony Machado, Pablo Neruda, W. S. Merwin – oder eine gute Passage aus Marion Woodmans Arbeiten oder aus Clarissa Pinkola Estés' Buch *Die Wolfsfrau*. Außerdem singe und intoniere ich jede Emotion, die ich in meinen Klienten fühlen kann, um ihnen die Dichte ihrer Gefühle widerzuspiegeln. Ich fühle mit ihren inneren wilden Kindern und führe sie zurück zum Wald.

Dieses Buch ist die Geschichte der ersten dreiunddreißig Jahre meines Lebens und davon, wie ich begann, als Wolf zu heulen. Ich heulte für die in Vergessenheit geratene uralte Vergangenheit. Ich wollte die versteckten Juwelen finden, die mir im alltäglichen Leben fehlten.

Im violetten Wald suchte ich nach Tränendes-Herz-Stauden (*Dicentra spectabilis*). Ich lag auf dem staubigen, von Nesseln und Pinienzapfen bedeckten Waldboden und blickte in die Blüten. Ich sah in das Gesicht meines tränenden, trauernden Herzens und erkannte, daß es so schön wie diese Blüten war. Ich spürte, daß das Herz der Welt weinte und blutete, und entschied mich damals dazu, den Pfad des Medizinmanns zu gehen. Magnolienbäume, Mimosen, immergrüne Pflanzen, Holunderbeerbäume, Pinien, Flachs, Mohnblumen und Zikaden – ich fühle mich in einer Welt sicher, wo die Natur kühn, prächtig, vielfältig und mächtig ist.

Dieses Buch ist ein Weg, uns wieder in den dichten Wald der wahren Selbstentdeckung und Kreativität aufzunehmen. Ich hoffe, daß ihr bewegt, bezaubert und erfüllt sein werdet. In der Hoffnung dessen erzähle ich euch diese Kolibri-Medizingeschichten.

Teil 1

Anfänge

Eins
Blitzschlag

Rabe, Rabe,
zeig mir den Weg
zu den blauen Kolibris ...

Rabe kam und brachte Geschenke aus der Traumzeit: Federn, die er aus seinen Schwingen fallen ließ. Tag für Tag fielen mir magische Federn von Großvater Himmel auf den Kopf oder auf den Weg direkt vor mir. Ich verwandelte mich in den Raben, putzte meine Schwanzfedern und sprach zu den Uralten aus dem Innern des Großen Geheimnisses, während sie mir aus der Ferne Kraft für die Heilung meines Körpers sandten. Sie nannten mich bei meinem Medizinnamen[1] »Wenn der Blitz einen Kolibri trifft« und sagten zu mir: »Erzähle deine Geschichte, damit andere Menschen ihre Geschichten erzählen können. Lebe deine Freude, damit andere Menschen Liebe kennenlernen.«

Während ich dieses Buch schrieb, hielt ich die zerbrechlichen Körper von Kolibris in meinen Händen, die, als ich sie fand, im Sterben gelegen hatten. Ihr Tod erinnerte mich daran, mein Leben in Freude und Gnade zu leben und aus jeder Erfahrung die süßesten Elixiere zu schöpfen, um sie mit euch zu teilen. Ich sagte mir,

1 Anmerkung der Übersetzerin: In der Tradition der amerikanischen Indianer erhält ein Mensch bei wichtigen Ereignissen, z.B. seiner Geburt oder einer Visionssuche, einen Medizinnamen, der diese Vision, seine essentiellen Qua-

wenn Gott ein Auge auf einen Spatzen haben kann – oder, in meinem Fall, einen Raben –, dann habe ich einen Platz in diesem Universum.

Ihr müßt wissen, daß die Erde für jeden einzelnen Menschen ein kosmisches Ei ist, das eine Botschaft an ein Sperma ausgesendet hat, um von ihm befruchtet zu werden. Du warst diese oder dieser Auserwählte. Die Erde liebt dich so sehr, daß sie dich in ihre Gebärmutter eingelassen hat. Sie kannte deine Seele noch vor deinen Eltern. Millionen anderer Seelen sind nie bis hierher gekommen. Du gehörst zur Erde, und du bist in ihrer Obhut niemals allein. Sie ist ein großes, fühlendes Wesen, das dich als seinen Liebsten ruft, also drücke deine Liebe aus in allem, was du tust. Wir kommen hierher wie die Kolibris, um in der Schwingung reiner Ekstase zu singen, in alle Richtungen zu fliegen, mehr Liebe durch das Öffnen unserer Herzfedern zu geben und den Nektar jeder Blume aufzusaugen. Das ist unser Geburtsrecht.

Ich mußte vom Blitz getroffen werden, um die Liebe der Erde kennenzulernen. Ich mußte lernen, daß es nichts Wichtigeres in diesem Universum gibt, als zu erkennen, wie man jedes fühlende Wesen liebt. Das ist die Geschichte, die ich zu erzählen habe. Ich wurde unter einem bebenden Himmel auf offenem Feld vom Blitz getroffen und starb nicht; statt dessen erfuhr ich den süßesten Geschmack der Kundalini-Energie, die mein Leben wie der Flügelschlag eines Kolibris veränderte und beschleunigte.

Ich wurde am 12. März 1985 in New York City vom Blitz getroffen. Während ich auf dem Boden lag, begann ich, am ganzen Körper zu zittern und zu vibrieren. In meinen Zellen pulsierte Elektrizität wie eine große Reinigung von allem, was ich zu wissen glaubte, gefolgt von Regen und noch mehr Regen. Ich hörte seltsame Geräusche, wie Radiowellen, die in meinem Ohr rauschten. Dann füllte sich mein Kopf mit einem tiefen, beharrlichen Brummen. Es war das brummende Geräusch des sich öffnenden Herzens: Als ob sich die Fünfte Welt der Mayas den Visionen der Geister- und Sonnentänze öffnet und die Welt eine kurze Sekunde lang nicht in Gegensätze zerfällt, sondern eins und in jedem Bild perfekt ist.

Später erfuhr ich, daß diese Erfahrung meine schamanische Einweihung war, aber damals glaubte ich, verrückt zu werden. Ich sah ständig einen Kolibri vor meinem dritten Auge schweben. Was wollte er? Dann überflutete ein Ausbruch schillernder Farben meine Sinne: Orangerosa, silbernes Blaugrün – Farben, die ich nie zuvor gesehen hatte. Ich schmeckte etwas Süßes – den Nektar der sich in reine Seligkeit öffnenden Zirbeldrüse. Da war dieses beharrliche Brummen, und ich fühlte, wie Welten zersprangen. Mein Rückgrat brach unter dem Gewicht falscher Realitätsstrukturen entzwei und ging unter dem Bann des Blitzes in Stücke. Mein Lichtkörper fing Feuer. Der Nektar der Zirbeldrüse löschte meinen jahrelangen spirituellen Durst. Physikalische und nichtphysikalische Grenzen zwischen Zeit und Raum lösten sich auf.

Warum ich? fragte ich mich. Warum der Weg des Blitzes von Cauac, die Einweihung durch das Feuer? Es geschah deshalb, weil ich hauptsächlich »Wasser« war und meine Erfahrungen emotional erlebte. Ich brauchte das »Feuerwasser«, eine Alchemie, die lebenstrunken macht.

Dann sah ich eine Vision von einem Diamanten, als ob sich mein Körper in einer heiligen Ehe mit dem Zentrum der Erde vereinigte, das mich wie ein Magnet anzog. Ich strahlte die Elektrizität des Blitzschlags aus und wurde in den Kern der Erde gesaugt – um mich irgendwie in ihn hineinzufügen, ihn zu befruchten. Ich sah Medizinmänner tanzen. Sie brachten den Geistertanz dar und schienen sich in Tiere zu verwandeln. Ich muß diese Lieder behalten, sagte ich mir, weil ich sie dazu benutzen möchte, anderen dabei zu helfen, ihre Seele zu heilen und sie in ihren Körper zurückzuholen.

Mein Körper nahm eine tief purpurrote Farbe an, und ich hörte ständig die Zahl Neunzehn ... Neunzehn ... Neunzehn – das Ende des Karmas, der Anfang und das Ende. Plötzlich konnte ich fühlen, wie das Kohlenstoffgedächtnis meines Körpers sich in eine Diamantenform verwandelte und mit sich unendlich erweiternden Ringen des Seins in Resonanz trat. Ich befand mich in Ekstase, entdeckte die Sonne, das Atom im Mittelpunkt der Erde und verschmolz damit.

Ich begann, blitzartig Bilder der Orte zu sehen, von denen ich kam, weit entfernt von der Erde ... von Alcyone in den Plejaden und von Alpha Centauri, unserem nächsten Sternennachbarn. Dann wurde mir eine Sternenkarte gezeigt, der tatsächliche Weg, den ich zurückgelegt hatte, um als ein Geistwesen hierher auf die Erde zu kommen. Ich wußte, daß ich diese Karte in einer Webarbeit oder einem Teppich neu erschaffen und darauf sitzen und meditieren mußte. Ich wußte, daß ich jederzeit willentlich zu diesem Moment zurückkehren konnte ... Sirius, Venus ... Venus wurde auf einem Kometenschwanz in dieses Sonnensystem gebracht. Sie dreht sich nicht in der gleichen Richtung wie die anderen Planeten. Sie ist ein sehr besonderer Ort – die Heimat der Kumaras, ostindischer Geistwesen, ein Ort mit Gebäuden aus Rosenquarz und federgeschmückten Bogengängen. Auf dem Planeten Venus leben Zwillingsseelen, die entscheiden, ob sie die Reise zur Erde antreten oder nicht.

Glaubte ich das alles? Jenseits der Zeit konnte ich alles betrachten und glauben. Ich entschied mich, die Erfahrung anzunehmen, und hoffte, daß ich das Erlebnis überstehen würde, ohne verrückt zu werden. Ich wußte, daß ich mich auf dieses Erlebnis in anderen Leben vorbereitet, und in gewisser Weise ein Anrecht auf diesen Moment hatte. Ich sehnte mich danach, daß alle Menschen, die ich kannte, die gleiche Erfahrung machen konnten.

Ich träumte von Jurten, Kuppelbauten und fünfeckigen Gebäuden in Siedlungen. Ich sah Menschen in kreisförmigen, kurvenreichen Bauten leben und Getreide spiralförmig anbauen. Für jede Jahreszeit wurden viele neue Zeremonien abgehalten. Die Menschen hatten organische Computer, um Gedanken über große Entfernungen zu übertragen oder Träume über die Nervenenden in ihren Händen aufzunehmen. Ich sah Kinder tanzen und spielen, die glücklich waren, am Leben zu sein – Kinder, die von beiden Eltern geliebt wurden und über telepathisches Einfühlungsvermögen (Tele-Empathie) kommunizierten, eine Mischung aus Gedanken und Gefühlen.

Ich staunte über die Innere Erde. Ich sah Tunnel, dann Karten von unterirdischen Tunnelsystemen mit Portalen in den Anden, am Amazonas, auf den Osterinseln – überall auf dem Planeten. Ich sah, daß Skorpione und Schakale aus anderen Dimensionen diese Eingänge bewachten, um zu verhindern, daß sich Menschen unvorbereitet in die Innere Erde vorwagten.

Ich begann, an die grimmigen Gottheiten des tibetischen Buddhismus und die Teufel und Dämonen der Christenheit zu denken. Ich versuchte sogar, sie heraufzubeschwören und ihnen gegenüberzutreten, aber sie materialisierten sich nicht. Ich sah die Erde als jungfräulichen Garten Eden, von Menschen unberührt: ein Ort, den Tiere in der Traumzeit besuchten. War ich in die Traumzeit der australischen Ureinwohner eingetreten?

Ich sah weiße Handabdrücke auf Höhlenwänden. Ich fühlte die Erde durch diese Höhlen atmen. Ich atmete Uran aus dem Innern der Erde durch meine Höhlenlungen an den heiligen Orten, die von den Lakota und den Hopi aus Nordamerika, von den Ureinwohnern Australiens, den Maori aus Neuseeland, den Dogon aus Afrika, den Kahunas in Hawaii und den Schamanen aus Sibirien bewacht werden. Ich fühlte eine tiefe Verbindung zu den roten Menschen, den Bewahrern der Traditionen und zur roten Erde. Meine pulsierenden Venen waren die Leylinien (Gravitationslinien) des Planeten; elektromagnetische Wellen der Erde, die sich mit dem Himmel verbinden.

In meiner Vision sah ich, wie Leylinien an Orten zusammenlaufen, die von jeher für Einweihungen benutzt worden sind. Ich sah ätherische Tempel, die auf der Erde noch keine Form angenommen hatten und von denen jeder in einer anderen Farbe schwang. Es waren Verjüngungszentren, zu denen die Menschen kamen, um sich daran zu erinnern, wer sie waren, und in denen sie Visionen von Sternencodes und Regenbogenkörpern hatten – wie die gefiederte Schlange Quetzalcoatl, die sich selbst in allen menschlichen Wesen erkannte.

Dann sah ich Künstler, die Obelisken, Säulen und Altäre auf den Kreuzungen der Leylinien bauten. Zuerst erschienen nur einzelne, dann kamen Hunderte von Menschen, um großangelegte Freiluftprojekte zu bauen und Mandalas, Figuren und »Wächter« in die Oberflächen der roten Felsen überall auf der Welt zu meißeln. Menschen begannen, sich zu versammeln und Töne aus der Zwölftonskala zu singen, worauf Obertöne durch die Luft schallten. Menschen bildeten sechseckige Formationen, die den Kernmodulen der Schöpfung, den Kohlenstoffringen, nachempfunden waren, während sie sich dem Zentrum ihrer Aufstellung näherten.

Jakobsleitern aus stehenden säulenartigen Wellen wurden überall dort erzeugt, wo die Menschen zusammenkamen, um mit Mutter Erde zu kommunizieren. Ich sah, daß die Menschen die Transformation der DNA von der Doppelstrang- zur Zwölfstrangspirale als Ritual aufführten. Die Nahrung sah anders aus, so gab es beispielsweise blaue Gerichte. Erleuchtete Kinder hatten Lehrzentren eingerichtet. Neue Leylinien durchquerten das planetare Gehirn wie Synapsen. Wo einmal Kirchen zu Ehren vom heiligen Michael und von Maria Magdalena gestanden hatten, gab es jetzt neue Denkmäler in der Landschaft, die oftmals Nachbildungen von Tieren waren. Sie zeigten, wo die Leylinien sich verändert hatten. Der Schatten des Tierkreises legte sich über Hügel, Felder und Berge wie der Schatten einer großen Wolke. Ich sah Regenbögen im Innern der Erde als ganze Kreise vervollständigt, und Menschen, die Boote bauten, um diese Bögen zu befahren.

Dann sah ich die Vergangenheit. Ich sah die Erschaffung der Erde, die von galaktischer Materie spiralförmig umkreist wurde. Ich sah die Erde als ein Urei aus Erde, Wasser, Luft und Feuer, dann als Materie, Zeit, Raum und Geist. Ich hatte eine Vision des magischen Netzes der alten Kelten, des »Web of Wyrd«, das alles Leben verbindet. Die Kontinente waren alle miteinander verbunden. Es schien alles möglich. Die großen Flüsse aus dieser Zeit befinden sich immer noch im Innern der Erde, und wir bereisen sie intuitiv in unseren Wachträumen.

Ich entdeckte, daß das Land des Pan, auch Pangaea genannt, zuerst da war, eine reale Welt mythologischer Gestalten einschließlich Satyrn, Nymphen, Zentauren, Greifen, Elfen, Feen, Devas, Wichteln, Gnomen und Engeln. Wie in dem Roman *Das Silmarillion* von J. R. R. Tolkien beschrieben, riefen sie das Leben selbst ins Leben. Mit Sirius' Hilfe schufen große Elohim-Engel ein riesiges Energienetz, um die Schwingungen der Erde aufrechtzuerhalten und jeden Gedanken und jedes Gefühl aller fühlenden Wesen festzuhalten, die jemals existierten. Die Erinnerungen jeder Seele wurden über Jupiter zu einem großen, zentralen Diamantkomplex auf Alcyone in den Plejaden gesendet.

Während dieser Zeit entstanden die Archetypen auf der Erde. Totems, grundlegende Silben – die ganze Welt – wurden aus Farbe und Klang, aus einem Gedanken, einem Wunsch und einer Absicht erschaffen. Seelen wurden aus der Materie der Erde und der Sterne erschaffen, und im Herzen jeder Seele pulsierte eine Kennfrequenz, mit der ihre Entwicklung aufgezeichnet werden konnte.

Ich sah einen riesigen Diamanten zur Erde kommen und von ihr empfangen werden – einen Diamanten, der von den Plejaden stammte. Ich sah, wie einmal die Bewohner des Sternbilds Lyra (Leier), die Wesen von Sirius und viele andere Außerirdische die Erde kolonisiert hatten und ihre Erinnerungen und Gene zur Kreuzung zurückließen. Kometen, Blitzstürme und Polverschiebungen hatten die Erde ebenfalls regelmäßig beeinflußt.

Ich sah die Anfänge des Matriarchats in Lemurien, dem Mutterland. Dort gab es in einer von den Männern getrennten Enklave zwölf Frauenstämme, die sich der Heilungsarbeit widmeten. Ich sah den Beginn des Matriarchats von Atlantis während eines goldenen Zeitalters. Ich sah sogar, daß Long Island, wo ich in diesem Leben aufwuchs, einmal ein alter Ausbildungsplatz für atlantische Priesterschaften war und daß Sedona in Arizona, Bimini auf den Bahamas und sogar Texas einst Heimat alter Zivilisationen waren, wie später die des Indianderstamms der Anasazi.

Ich sah, daß die Atlanter drei große erdgeschichtliche Katastrophen erlebten, zwei natürlichen Ursprungs und eine von Menschen verursachte Katastrophe. Ihr Zeitalter war von außerirdischer Diplomatie geprägt, bei der Raumschiffe zwischen den Planeten hin- und her flogen. Viele dieser Schiffe waren organisch und schienen lebende Wesen zu sein.

Die endgültige Zerstörung von Atlantis kam zu einer Zeit, als Außerirdische die Evolution des Planeten beschleunigen wollten, um ihn zu kontrollieren. Der Drang, die einheimischen Völker zu beherrschen und zu kontrollieren, wurde durch Wesen von außerhalb der Erde fortgesetzt. Als ich dies sah, fühlte ich einen tiefen Schmerz in meinem Herzen, den ich mit allen Menschen und allen Rassen teile. Es war das Leid, menschlich zu sein, es waren die Schatten unserer Vorfahren, die in unserem Blut murmelnd Gerechtigkeit und Frieden fordern.

Vor ungefähr zehntausend Jahren gab es eine große elektromagnetische Katastrophe, die unsere DNA veränderte und in uns eine immerwährende, tief sitzende Angst vor Macht und Gewalt hinterließ. Die Menschen versuchten, die Natur mit dem Verstand oder technischem Wissen zu kontrollieren und einen Mythos der Herrschaft der Stärkeren über die Schwächeren zu erschaffen. Ich sah, wie Tiere sich veränderten und zu grimmigen Spiegeln der Menschen wurden. Matriarchate wichen Patriarchaten. Die Geschichten der zwölf Stämme von Israel, die ursprünglich Frauennamen trugen, wurden als Geschichten der männlichen Clans neu geschrieben.

Die Menschen in der Nilregion konstruierten männliche Abstammungslinien, und dieser Brauch verbreitete sich auf der ganzen Welt. Die Sumerer veränderten die menschliche DNA, bauten im See Titicaca und in Südafrika Mineralien ab, und kolonisierten den Irak. In Nippur im Irak bauten die Unterdrücker einen großen Tempel und beabsichtigten, andere Menschen durch Manipulation ihrer genetischen Codes zu versklaven.

All diese Menschen hatten vergessen, wie es war, zu fühlen und mit dem Kern der Erde in Verbindung zu stehen. Sie waren technologisch fortgeschritten, insbesondere auf dem Gebiet der Metallurgie, aber es fehlte ihnen an Gefühl und Herz. Ihre Materie war starr. Ihre Zentralsonne lag im Sterben.

Visionen von Indien fesselten mich. Ich sah, wie der Norden den Süden im Laufe mehrerer Invasionen versklavt hatte. Das dravidische Indien wurde von den Ariern eingenommen, deren Religion der Jäger-Himmelsgottheit sich mit den erdverbundenen landwirtschaftlichen Küstengemeinden im Süden vermischte. Ich sah Krishna und die blauhäutigen Menschen, die im hohen Himalayagebirge als Teil eines Stamms lebten und lehrten. Sie kamen von den Bergen herab, um mit anderen zu kommunizieren und sich mit Menschen verschiedener Hautfarben zu kreuzen. Zu dieser Zeit war die Erde wahrhaftig ein Regenbogenplanet, der die vielfarbigen Geister widerspiegelte, die zu Beginn der Zeit erschaffen wurden.

Das indische Rama-Reich entwickelte schließlich unglaubliche Waffen und griff Atlantis an. Das *Ramayana* und das *Mahabharata*, die epischen Bücher der alten Hindu-Mythologie, sind Aufzeichnungen dessen, was heute als die Dritte Welt der Hopi und der Maya bezeichnet wird. Die Maya hatten überall auf der Welt gelebt, und in Erinnerung an den heiligen Bund allen Lebens genaue Aufzeichnungen von den Planetenzyklen geführt.

Dann erschien blitzartig ein Traumbild vor mir, in dem sich Nord- und Südamerika vereinigten. Die Himalaya-Energien bewegten sich zu ihrer Quelle in den Anden zurück. Flüsse vereinigten sich, Kontinente verbanden sich, und Kreise wurden geschlossen. Ich sah die Chakras aufleuchten, die brennenden energetischen Kreiselscheiben von Nord- und Südamerika. Belize war das Kronen-Chakra seiner Umgebung, Costa Rica das lokale Herzzentrum. Die alten Pfade von Chile nach Alaska würden 1992 verbunden werden. Wir waren alle dorthin nach Hause gekommen, wo wir uns zuerst auf dem Planeten inkarniert hatten.

Als das Atom gespalten wurde, begannen wir alle, wie als Antwort auf eine schrille Sirene, in Massen von den Sternen zurückzukehren. Wir kamen wieder, um Zeremonien abzuhalten, um das Gleichgewicht der Schöpfung durch Liebe und klare Wahrnehmung aufrechtzuerhalten und um Zeugen unserer eigenen Wiedergeburt und der Wiedergeburt der Erde zu sein.

Im Jahr 2013 werden wir uns am Ende eines Zyklus von sechsundzwanzigtausend Jahren befinden. Das wird das Ende der Zeit bedeuten, wie wir sie kennen. Wir befinden uns jetzt auf einer Linie mit der Großen

Zentralsonne der Schöpfung, und Millionen andere Planeten liegen auf demselben Strahl. Dies ist die Geburt der Fünften Welt, der Welt des Kolibris.

Großmütter und Großväter hielten mich fest, als ich, ein Mann, schwanger mit der Erde wurde und gebar. Das göttliche Kind, das aus mir hervorging, war ein neuer Mann, differenziert und doch zwitterartig, seine männlichen und weiblichen Seiten harmonisch miteinander verbunden. Mein Körper durchlief den ganzen Schmerz der Geburt, sowie alle meine vergangenen Leben und den angesammelten Zorn, die Wut und die Tränen. Ich wurde vollständig zerstückelt. Dies war meine Einweihung in wahre Menschlichkeit.

Dann sah ich schwarzweiße Schmetterlinge und ein großes schwarzes Sonnen-Wigwam, wo sich die Bewahrer des Netzwerks der Erde versammelt hatten. Dort stellten sich Rabe, Delphin, Elch, Frosch, Gürteltier, Bär und Eule als meine Verbündeten vor, und schließlich hörte ich ein Brummen in meinem linken Ohr.

»Du hast stundenlang auf dem Boden gelegen«, sagte mein Freund Peter, der mit mir zu dem Feld gekommen und in der Nähe spazierengegangen war. »Was hast du gesehen?«

»Hast du den Blitz gesehen?« fragte ich ihn.

»Nein«, antwortete er. Peter hatte nichts gesehen.

Zwei

Elfen

Nach diesem Erlebnis spürte ich ein beharrliche Brummen im ganzen Körper. War diese gewaltige Gotteserfahrung nur ein Traum gewesen? War das Leben ein Traum? Doch sogar während ich mir diese Fragen stellte, wußte ich, daß die Erfahrung wirklich gewesen war. Würden diese Bilder ständig zu uns kommen, wenn wir nur innehielten und zuhörten und dem größeren Selbst unsere Aufmerksamkeit schenkten?

Aber wie konnte ich mitten in New York von einem Blitz getroffen werden? Ich hatte keine Antworten, nur Millionen Fragen. Dieses Brummen – ich fühle es sogar heute noch. Ich fühle mich so zerbrechlich, als ob ich neu geboren worden wäre. Ich zittere am ganzen Körper. Ist dies das Brummen, das Menschen kurz vor ihrem Tod hören? Bin ich tot?

Als ich im Hospiz arbeitete, erzählten mir die Menschen kurz vor ihrem Tod, daß sie ein brummendes Geräusch in ihren Körpern hörten.

Es ist ein ungeheures Geräusch, das sie durchläuft, ähnlich einem lauten Tosen. »Die Kolibris kommen, um dich zu besuchen«, erzählte ich ihnen. »Sie steigen jetzt in deinem Herzen empor. Laß sie herein.«

Sie sahen mich verblüfft an. »Was auch immer für Ängste oder Bedauern du hast, es wird alles in Ordnung kommen«, sagte ich. »Vergib dir jetzt einfach selbst.«

Ihre Münder öffneten sich, und sie sahen mich mit wilden, glasigen Augen an. »Was auch immer du getan hast, wer immer du bist, dies ist dein Übergang. Du wirst entleert. Die Erde umschließt dich mit ihrer Gnade. Laß einfach los. Sie ist wie ein kosmisches Ei, und das Ei in deinem Körper vibriert mit ihrem Ei. Es ist an der Zeit, nach Hause zu gehen.«

Dann sah ich, wie sich das leuchtende, pfirsichfarbene Ei aus ihren Körpern löste und dabei einen Teil ihrer selbst an die Erde zurückgab. »Sie war deine Beschützerin. Ihr Geschenk an Dich ist jetzt deine Reinigung«, sagte ich ihnen. »Es ist alles in Ordnung. Dies ist der Klang deiner Freiheit. Es ist an der Zeit, deinen Körper zu verlassen. Verlaß ihn durch deinen Scheitel. Erkenne das Licht. Gehe dorthin.«

Ich habe sterbende Menschen in meinen Armen gehalten, während das Brummen durch unser beider Körper lief. In mir selbst vernahm ich das Brummen nur schwach. Ich fühlte mit den Sterbenden, um ihnen den Übergang zu erleichtern. In diesem Moment konnte ich spüren, wie sie jahrelang angesammelte Schmerzen, Verrat, Lügen, Zorn, Erinnerungen und Bindungen an andere Menschen losließen.

Sobald sie das Licht erkannten, begannen sie, zu weinen oder oberhalb ihrer Köpfe umherzuwandern, kamen in ihre Körper zurück und sahen mich wie ein Kind um Unterstützung bittend an. »Was passiert mit mir? Ich habe keine Angst. Ich fühle so viel Freude. Ich werde jetzt gehen.« Und dann starben sie.

Bevor meine Freundin Maria starb, wiederholte sie die Worte Buddhas: »Die Welt ist eine Brücke. Baue dein Haus nicht auf einer Brücke.«

Ich vermisse sie, aber nur die Lebenden trauern um die Toten. Die Toten sind glücklich in ihrem Brummen.

Der Kolibri bringt sterbenden Menschen himmlische Musik. Wenn ein Kolibri in einen Käfig gesperrt wird, stirbt er schnell. Sein einziger Lebenszweck besteht darin, Freude zu verbreiten. Wenn er das nicht tun kann, zerstört er sich selbst.

Das bin ich, dachte ich. Wenn das Leben zu einem Gefängnis wird, wenn ich den Geist der Freude verliere und mich in den Dramen und Schmerzen anderer Menschen verfange, sterbe ich einfach. Ich muß in jede Richtung auf einmal fliegen können, wohin auch immer mich die Blume der Hingabe in meinem Herzen führt.

Während der Jahre meiner Arbeit in der Praxis des bewußten Sterbens habe ich im Moment des Todes Vögel kommen sehen, die am offenen Fenster im Zimmer der sterbenden Personen sitzen und den Übergang der Seele besingen. Vögel sind die Vorboten des Fluges der Seele zurück zu Gott. Ihre Lieder sind der Ruf nach Hause, die Freude der Entlassung in eine andere Welt. Wenn die Vögel kommen, um von einem neuen Leben an einem anderen Ort zu singen, kann der Tod zu einer Feier werden.

Im März 1985 durchlebte ich mein Sterben und starb, während ich lebte. Das brummende Geräusch durchdrang den Kern meines Wesens und reinigte meinen Körper und meine Seele. Meine Persönlichkeit und mein Ego gaben sich schließlich vollständig etwas Größerem als mir selbst hin. Ich fühlte mich zum ersten Mal auf der Erde geliebt, geschätzt, gewärmt, in Ehrfurcht und zu Hause.

Um in diesem Leben zweimal geboren zu werden, muß man nicht körperlich sterben – man muß sich nur hingeben. Ein Kolibri schont seine Energie in der Nacht, indem er seinen Herzschlag verlangsamt und wie die indischen Yogis in einen tiefen Schlaf fällt. Ich erinnere mich nicht einmal daran, daß ich atmete, nachdem ich vom Blitz getroffen wurde. Das alte Selbst *bewußt* sterben zu lassen ist die große Aufgabe, für deren Vorbereitung wir viel Zeit unseres erwachsenen Lebens verbringen.

Wochenlang nach meiner Nahtoderfahrung fühlte ich mich, als schwebte ich wie ein Vogel über der Erde. Ich spürte den Widerspruch, auf der Erde als Dunkel und Licht geboren worden, aber dennoch nicht von dieser Erde zu sein. Seit dieser Zeit habe ich gelernt, im »Nichtwissen«, dem Paradox, zu leben und nicht zu versuchen, Antworten auf Fragen zu finden. Jetzt lebe ich die Fragen selbst. Ich artikuliere sie, so gut es mir möglich ist, und wache jeden Morgen mit der Bitte um eine weitere Frage auf. Auf diese Weise lebe ich mein Selbst in sehr intimen, persönlichen Antworten.

Während die Tage vergingen, mußte ich lernen, mich zu erden. Ich stellte mir vor, wie ich vom Ende meiner Wirbelsäule Wurzeln in die Mitte der Erde wachsen ließ. Manchmal mußte ich sogar Stahlrohre oder Metallschäfte visualisieren, um mich zu erden. Ich wollte in Dankbarkeit gegenüber allen Wesen den »Beauty Way«, den Pfad der Schönheit, gehen, den Nizhoni-Weg der Navajo. Ein Tod mit »guter Medizin« geschieht, wenn wir uns dem Netz des Lebens hingeben, dem »Web of Wyrd« in der angelsächsischen Zauberei, und unsere gegenseitige enge Verbundenheit mit allen lebenden Wesen spüren und unsere Körper bewußt verlassen. Wir können uns darauf vorbereiten, indem wir den Pfad der Schönheit gehen, solange wir noch lebendig sind.

Ich kann mich nur an ein einziges Erlebnis erinnern, das diesem Kundalini-Erwachen ähnlich war – und dies war ein massives Erlebnis –, war im Alter von sieben oder acht Jahren, als sich ein Vogel auf meinem Kopf niederließ.

Während der Vogelwanderungen war der Himmel über unserem Haus manchmal schwarz von Staren, und sie kreischten die ganze Nacht in den Bäumen. Ich starrte die Vogelmassen an und klatschte in meine Hände, um sie aufzuscheuchen. Aber eines Tages landete ein schwarzer Star auf mir und flog nicht fort. Während der zwanzig Minuten, die der Vogel auf meinem Kopf verbrachte (wobei er sich auf meiner Schulter erleichterte), ging ich mit einer meiner Schwestern im Garten spazieren. Das war das erste Mal, daß ich das Brummen hörte und meinen Körper verließ, um mit den Vögeln zu fliegen. In jenen Tagen erschien mir mein höheres Selbst in Form eines riesigen Vogels.

Während meine Schwester lachend davonlief, um ihren Fotoapparat zu holen, öffnete sich mein Scheitelbereich, und meine Zirbeldrüse wurde aktiv – ich sah plötzlich mit völlig neuer Klarheit. Ich wußte zu jener Zeit nichts über die Zirbeldrüse, aber ich begann, meine Zunge nach der alten Yoga-Technik ganz nach hinten in meinen Gaumen zu schieben. Nach diesem Erlebnis verstand ich die Sprache der Vögel. Ich lernte ihr Wanderverhalten kennen und wie sie an den Magnetfeldern orientiert navigieren, indem sie sich auf die Pole und Leylinien der Erde einstimmen. Als meine Schwester mit dem Fotoapparat zurückkam, flog der Vogel davon.

Einige Tage später ging ich im Garten unseres Familiensitzes auf Long Island an der gleichen Stelle spazieren, an der ich das Erlebnis mit dem Vogel gehabt hatte. Ich sah ein Frau, die einen schwarzen Umhang mit einer Kapuze trug. Sie hatte langes schwarzes

Haar mit Locken an den Haar-Enden und durchdringende schwarzbraune Augen. Unter diesem Bereich, auf dem ich spazierte befanden sich, wie ich später erfuhr, riesige unterirdische Höhlen mit Wasser. Diese Wasserläufe haben alle meine multidimensionalen Erfahrungen hervorgerufen.

In dieser Frau traf ich zum ersten Mal die Göttin. Ich verliebte mich auf der Stelle in sie. Ich war so aufgeregt, sie zu sehen, daß ich mit voller Geschwindigkeit auf sie zurannte und direkt durch ihren verblassenden Körper fiel. Sie war transparent wie ein Hologramm. Ich taufte sie »Lady Venus« und schwor mir, daß ich sie wiedersehen würde, auch wenn sie nicht körperlich war.

Zu jener Zeit begannen meine Träume von der Inneren Erde. Ich sah niemals echte Feen oder Elfen im Garten meiner Eltern, aber nachdem meine Zirbeldrüse aktiviert worden war, sah ich diese Wesen jede Nacht in meinen Träumen. Die Elfen und Feen erzählten mir, daß sie meine Führer waren und daß wir das gleiche Blut besaßen. Diese Wesen gehörten alten Stämmen an, die hellfühlend waren. Sie kreuzten sich mit den Menschen und verschwanden dann, wie die Traumzeit, in andere Dimensionen.

George, der König der Elfen, war mein männlicher Führer, und Gwynhwyrr, die ich einst als Fee gekannt hatte, die jetzt jedoch auf den Plejaden lebte, war meine weibliche Führerin. Sie lehrten mich zu fliegen, sie zeigten mir, wie ich meinen Körper wie in einen Windtrichter verwirbeln konnte. Bald schwebte ich und besuchte Raumschiffe, in denen die Himmelsmenschen Äpfel auf ihren Tafeln ausgebreitet hatten. Die Schiffe waren mit vielen Fahrstühlen und großen Decks ausgestattet. Als Kind liebte ich es, in diesen Schiffen mitzufahren, weil sie so schnell waren. Ich sah parallele Realitäten, einen Ozean und Bauern, die in anderen Dimensionen an dem gleichen physikalischen Ort wohnten, wo auch meine Familie lebte. George und Gwynhwyrr nahmen mich mit zu einer Grube im Garten hinter dem Haus, von der aus ich in die Unterwelt zum Zentrum der Erde reisen konnte.

Ich liebte diese Grube im Garten, weil sie so groß war. Ich fühlte, daß sie die ganze Welt umfassen konnte. Ich stellte mir vor, von ihrem Boden aus durch ein Tunnelsystem zu reisen, das in einem Elfenraum mit einem gemütlichen Tisch und Stühlen, einer Feuerstelle, Essen und vielen fleißigen Elfen endete. Sie wiesen mich an, mich auf den Holztisch zu legen, und setzten aufleuchtende Kristalle in meinen Körper ein. Es tat nicht weh. Ich erinnere mich daran, beim Aufwachen gewußt zu haben, wo die Kristalle waren und wie ich sie benutzen konnte – daß jener dazu diente, Zugang zur Erde zu erhalten, und dieser zu den Plejaden und vieles mehr.

Nachdem ich 1985 von Blitz getroffen worden war, begann ich die gleichen Träume zu haben, wie ich sie als Kind hatte. Als Erwachsener hatte ich jede Erinnerung an Elfen und Feen und meine Kindheitsträume verdrängt. Diesmal war ihre Botschaft deutlich: »Wach auf – du bist ein Seher. Dies ist die Zeit der Reinkarnation der Feen und Elfen und des Geists von Atlantis. Du bist hierher gekommen, um in den Medien zu arbeiten. Bereite dich auf eine Wiedergeburt spiritueller, wissenschaftlicher und kreativer Arbeit vor. Du bist hier, um alles, was du aus allen deinen Leben weißt, mitzuteilen und loszulassen. Du mußt tanzen, in Harmonien singen, Holographie lernen, eine neue Form des Theaters entwickeln, die Planeten in Steinkreisen tanzen und ein Geschichtenerzähler und Filmemacher werden. Was auch immer du in diesem Leben tust, es werden sich Regenbogen des Erfolgs über deinem Kopf wölben. Helfe den Menschen dabei, ihr Bewußtsein zu erweitern. Du wirst wissen, was zu tun ist. Mache nicht *eine* Sache gut; die Zeit dafür ist vorbei. Tue viele Dinge *gleichzeitig* gut.« Dann hörte ich die Namen »Gwynhwyrr« und »Plejaden« und wachte auf.

Es dauerte eine lange Zeit, bis mein rationaler Verstand dies alles akzeptierte und glaubte; mitten in diesem Prozeß geschah jedoch eine seltsame Sache. Mein Vater war dabei, das Haus zu verkaufen, in dem ich aufgewachsen war, und ich entschied mich, dorthin zurückzukehren. Ich ging zurück zu der Grube im Garten hinter dem Haus, aber sie war inzwischen mit Erde aufgefüllt worden.

Dann fühlte ich mich von einem Loch in der Kellerwand angezogen. Ich konnte mich nicht erinnern, es angelegt zu haben, um dort Karten und Geschichten aus meiner Kindheit aufzubewahren, aber dort waren sie: Zahlreiche detaillierte Karten von Poseidonis, den atlantischen Inseln, Lemurien und Pangaea, zusammen mit Geschichten, die ich über Riesen und Elfen geschrieben hatte. Dies war ein Teil des Prozesses, meine Kindheitserinnerungen wieder in Besitz zu nehmen. Das göttliche Kind in mir öffnete mein Herz, als ich jede der vielfarbigen Karten las, die alle versteckte Hinweise auf meine Zukunft enthielten, und ich mußte weinen.

Als ich zurück in New York war, kaufte ich sofort die neuste Ausgabe der Zeitschrift *Interview*, etwas, was ich nie zuvor getan hatte. Ich öffnete die Zeitschrift bei einem Artikel über eine Frau namens Linda. Sie erklärte ihrem Interviewer, daß eine große Zahl als Menschen reinkarnierter Feen und Elfen, die das letzte Mal zusammen in Atlantis gelebt hatten, plötzlich aufwachten und Kundalini-Erfahrungen hatten. Sie war von Hawaii nach New York gekommen, um dabei zu helfen, diese Menschen zu aktivieren, weil diese schließlich in Kunst und Medien arbeiten würden. Sie erläuterte, daß sie »darauf eingestellt worden waren, zu einer bestimmten Zeit aufzuwachen« und daß sie ihnen bei ihrem Erwachen behilflich sein wollte.

Als ich die Rolle erkannte, die Synchronizität in meinem Leben spielte, besuchte ich Linda. In einer winzigen Zweizimmerwohnung in Morton Street – einer Straße, in der ich auch schon gewohnt hatte – saß eine Frau mit einer tiefen, rauhen Stimme und »Stardust«-Make-up auf ihren Augenlidern.

Was mache ich hier, fragte ich mich. Meine Seele war aufgeregt vor Freude, aber meine Persönlichkeit schwand. Während ich in Verwirrung ermattete, blickte Linda durch mich hindurch und begann, die Geschichte meiner Seele bis zu ihrer Schöpfung zu erzählen. Sie erklärte, wie ich Farbe und Klang geliebt hatte und wie ich riesige Orgeln gebaut hatte, die einen gesamten Raum mit Farbe füllten, wenn sie gespielt wurden. Ich begann, alle meine Leben in vielen Einzelheiten zu sehen: Sie liefen wie ein Film vor meinen Augen ab. Während sich mein Bewußtsein erweiterte, begann die Luft im Raum zu knistern. Ich erfuhr emotional die Lektion jedes Lebens und jedes Todes. In einem Strom aus Tränen und Reinigung durchflutete Liebe und Einsicht meinen Körper.

Linda fuhr damit fort, daß sie Gwynhwyrr beim Namen nannte, und fragte mich, ob ich mit ihr sprechen wolle. Woher wußte diese Fremde so viel? Was waren die Akasha-Chroniken, und wie konnte jemand so klar darin lesen? Durch Linda sprach ich sowohl mit

Gwynhwyrr als auch mit George und weinte Tränenfluten, als sich der Kanal zu diesen lieben alten Freunden wieder öffnete.

In jener Nacht träumte ich, daß ein Kolibri in mein Herz eintrat und mich niemals verlassen würde, bis ich die vollständige Bedeutung von Freude und Vergnügen gelernt hätte. Linda hatte mir gesagt: »Wenn du nicht kreativ tätig bist, folgst du nicht deinem Weg.« Ich habe ihren Rat immer befolgt und sie nie enttäuscht.

Drei
Engel

Linda war der erste Mensch, der mir vom Erzengel Michael erzählte. Sie sagte, daß er über viele Welten wache und mich bald besuchen würde. Ich dachte, sie würde scherzen. Das war wirklich zuviel: Ein Erzengel, der mich in meiner Wohnung in New York besuchen sollte? Ich war mir noch nicht einmal sicher, ob ich an Engel glaubte!

Nach unserer Sitzung ging ich nach Hause und legte mich ins Bett. Ich spürte, wie eine Präsenz den Raum betrat. Ich bekam eine Gänsehaut und setze mich auf. Der Raum erhellte sich. Dies war nicht das unheimliche grüne Leuchten, das man beim Verlassen des Körpers beobachten kann. Ich befand mich in meinem Körper, war hellwach und in einem erhöhten Bewußtseinszustand. Vor mir zeichneten sich die Umrisse von drei einzelnen Lichtformen ab, die wie Engel aussahen. Sie begannen, mir telepathische Botschaften zu senden, die ich problemlos verstehen konnte. In weniger als einer Sekunde wurden riesige Informationsmengen an mein drittes Auge übertragen. Mein ganzer Körper kribbelte. »Sieh über die Form hinaus«, sagten mir die Engel. »Gesegnet seien die, die nicht sehen und doch glauben.«

Die drei Wesen stellten sich nach den Sternen oder Sternensystemen vor, von denen sie gekommen waren: die Plejaden, Sirius und Arcturus. Sie erzählten mir von der Liebe. Sie rieten mir, meine Gefühle zu achten, andere Menschen das Fühlen zu lehren und mich an die

Freude der Bräuche aus den alten Zeiten zu erinnern.

Mein Körper trat in den Samadhi ein, einen tiefen Meditationszustand, in dem es keine Dualität, sondern nur nicht enden wollende Seligkeit gibt. Ich fühlte, wie sich die Kanäle meines Körpers reinigten. Ich sah die Akupunkturmeridiane aufleuchten und war Zeuge jeden Stadiums meiner Reinigung. Ich habe diese ursprüngliche »Blaupause« meines Körpers niemals vergessen und benutze sie auch heute noch bei meiner Heilungsarbeit. Noch einige Monate danach schwebten blaugrüne Lichter durch mein Zimmer. Ich glaubte, verrückt geworden zu sein.

Zu dieser Zeit arbeitete ich tagsüber als Künstler im Designgeschäft. Ich hatte meine eigene Firma gegründet und entwarf Kleidung und Haushaltsgegenstände. Ich konnte mit niemandem aus der Branche über meine Erfahrungen reden. Da mir der verbale Austausch fehlte, begann ich, durch meine Arbeit zu sprechen. Ich fand eine Ladenfläche im Gebiet von Soho, wo ich ein Geschäft eröffnete, das ich »Die Plejaden« nannte. Dort entwarf ich keltische Anzüge für Männer: Anzüge mit Runenknöpfen, *Vesica-Piscis*[2] -Symbolen auf den Kragen und violette Jacken mit violetten Kragen, in die Sphinxe eingelegt waren. Ich nähte Silberjacken, die in winzigen Taschen über den Chakras Kristalle enthielten. Ich schmückte T-Shirts mit riesigen Raben, Eulen, Falken, Adlern und sogar Schlangen, die sich um die Ärmel schlängelten. Auf der Rückseite der T-Shirts prangten in großen Buchstaben die mystischen Worte »Kelte«, »Katharer«, »Merowinger«, »Tuatha DeNaan«, »Griot«, »Meistersinger«, »Eros«, »Gnostiker«, »Avebury«, »Barde« und »Serpent Mound, USA«.

[2] A. d. Ü.: Lat. Fischgefäß, oben und unten zugespitztes Oval

Ich entwarf außerdem eine »Priesterinnen«-Kollektion mit Merkurstab-Kragen und Kordelgürteln mit neun Knoten. Darunter befanden sich athenische Roben mit vielen Falten und Girlanden aus Trockenblumen als Kopfschmuck sowie auffallenden Medizinrädern der amerikanischen Indianer, die auf der Vorder- oder Rückseite eingearbeitet waren. Ich nähte Hosen, Hemden und Jacken aus Navajo-Decken. Ich entwarf sogar Platzdeckchen, die mit tibetischen Samensilben geschmückt waren, Hemden aus tibetischen Gebetsfahnen und Halsketten aus Steinen, die von heiligen Orten auf der ganzen Welt stammten.

Mein Geschäft bestand aus einer Kleidungs-Renaissance mit uralten Themen, war jedoch ein wenig seiner Zeit voraus. Die Leute im Designbereich hielten mich für erfinderisch, glaubten allerdings, ich hätte meinen Verstand verloren. Ich jedoch hatte mich in meinem Leben niemals glücklicher und ausgeglichener gefühlt. Ich hörte auf, mir Gedanken darüber zu machen, was irgend jemand von mir oder von dem, was ich tat, hielt. Ich stellte fest, daß die Menschen in der Mode- und Designerwelt immer Zustimmung bei anderen suchten. Viele meiner Freunde fühlten sich bei ihrer Arbeit leer und sehr isoliert, wenn sie revolutionäre Ideen hatten.

Da mich keiner meiner alten Freunde verstehen konnte, bat ich Linda um Hilfe. Ich wollte die anderen reinkarnierten Elfen und Feen kennenlernen. Sie lud mich eines Abends in einen Loft in der Nähe meiner Wohnung ein. Während ich die Treppe zu dem Loft hochstieg, konnte ich die Stimmen von über hundert Menschen hören. Mein Herz schlug schneller. Ich trat durch die Tür, und mir stellten sich die Haare auf.

Da war eine Frau – ich werde sie Rianna nennen –, die in meiner Nachbarschaft aufgewachsen und mit mir auf die Georgetown-Universität gegangen war. Ich hatte mich trotzdem niemals mit ihr unterhalten. Bei meinem Erscheinen drehte sie sich herum, und schaute mich an, als ob sie sagen wollte: »Oh, *da* bist du. Es ist höchste Zeit, daß du dich erinnerst.« Sie kam direkt auf mich zu und sagte: »Ich bin gerade aufgewacht. Ich komme ursprünglich von den Plejaden. Ich spüre, daß ich dich von dorther kenne. Ich bin so glücklich, dich wiederzusehen.«

Nachdem sie mich lange in ihren Armen gehalten hatte, drehte ich mich um und sah andere Menschen, mit denen ich gearbeitet, jedoch nicht mehr als ein paar Worte im Vorübergehen gesprochen hatte. Ein Mann, mit dem ich im Metropolitan Museum of Art zusammengearbeitet hatte, kam zu mir und schüttelte mir die Hand. Er sagte: »Ich erinnere mich daran, von Sirius zu kommen. Es geht alles so schnell. Im März hatte ich eine unglaubliche Erfahrung. Ich habe die ganze Nacht von Elfen geträumt.«

So begann ich, meine wahre Familie zu treffen, meine spirituelle Familie. Dic Vorstellungen dauerten die ganze Nacht.

Mein Vater fing an, sich Sorgen darüber zu machen, ob ich eine Psychose hatte, und mein Geschwister machten hinter meinem Rücken Witze über Raumschiffe.

Alles war zeitlich perfekt aufeinander abgestimmt. Als Shirley MacLaines Buch *Zwischenleben* herauskam, schickte ich es meinen Eltern. Da es von einer angesehenen Person ihrer eigenen Generation stammte, konnten sie einen Bezug zu Shirley MacLaines außergewöhnlichen Erfahrung mit den Plejaden herstellen. Während ich meine Freunde aus der Vergangenheit verlor, begannen meine Eltern Bücher über Channeln, alternative Medizin und andere New-Age-Themen zu lesen.

Während einer meiner Spaziergänge durch die Innenstadt von New York in den frühen Morgenstunden hörte ich das Brummen wieder. Nein, nicht hier, dachte ich. Dann atmete ich tief, verlangsamte das Geräusch und hörte einen inneren Gesang:

»Om Aim Hrim Klim Chamundayai Vijaya ... Re ... She-Ma ... Amaru … Amapti … Akaee … Akaree … Amakua …« Ich rief die Lebenskraft, die höheren, mittleren und unteren Selbste und unsere Vorfahren wie in der Kahuna-Tradition aus Hawaii und den vedischen Traditionen aus Indien an. Niemand sonst konnte diesen Gesang hören. Ich stand verblüfft und vor Staunen gelähmt auf dem Bürgersteig. Außerdem begann ich Lieder zu singen, von denen ich später erfuhr, daß sie die Lieder der *Dakinis*, waren der weiblichen Gottheiten des tibetischen Buddhismus.

Dann fing ich an, in Mudras zu tanzen: Zu jedem Ton, jedem Gesang gehörte eine Körperhaltung. War ich verrückt, mitten auf der Eight Street zu tanzen? Ein Mann kam lachend auf mich zu und bettelte um Geld für sein Frühstück, und ich gab ihm alles Geld, das ich bei mir hatte.

Zum ersten Mal sah ich wirklich die Armen. Ich sah hungrige Menschen: Sie bettelten, waren eingeschüchtert, betrunken und verloren. Sie erfüllten mich mit Mitgefühl. Etwas in mir schlug in meinem Herzen Wurzeln und wuchs wie die Öffnung einer neuen Sichtweise des Herzens. Diese Menschen existierten nicht getrennt von mir. Ich begann, in einer Art heftigen Brüllens einen herzzerreißenden Ton aus der Tiefe meines Leibes hinauszuschreien. Ich wurde von dem ganzen Schmerz und von der Fragmentierung meiner Seele überwältigt.

Ich schrie weiter und ließ einen dröhnenden tiefen

Ton aus meinem untersten Chakra erschallen. Ich will nicht mehr *überleben*, dachte ich, ich will *leben*. Ich will leben, als wenn heute mein letzter Tag wäre. Ein Rosenduft umwehte meine Nase. Ich war nicht allein in dieser dunklen Straße in der Nähe der U-Bahn-Station: Ich spürte die Gegenwart eines spirituellen Lehrers. Dies war die große Öffnung meines Herzens, und ich erschauerte vor Dankbarkeit.

Ich kehrte tagelang nicht nach Hause zurück, sondern saß auf den Straßen, lebte mit den Obdachlosen und ging zu Armenküchen, um meine Hilfe anzubieten. Ich öffnete mich für die Welt des Dienens. Warum war ich nicht wie mein Vater Arzt geworden und hatte geholfen, jemandem das Augenlicht wiederzugeben? Warum hatte ich dieses Leid vorher nicht gesehen? Ich hielt Menschen in meinen Armen und kümmerte mich um sie, als ob es meine eigenen Kinder wären.

Ich hörte ihre Geschichten an, von denen einige so wirr waren, daß sie mir unverständlich blieben. Einige der Menschen, die auf der Straße lebten, hatten Wunden, weil sie geschlagen worden waren. Ich blieb bei jedem, der meine Gesellschaft wollte. Einige wenige Leute glaubten, ich wäre ein Engel, während andere mich für verrückt hielten. Manche Menschen hatten offene wunde Stellen und stinkenden Wundbrand. Ich brachte den Leuten Essen und fühlte mich unfähig, mehr zu tun, als sie zu lieben. Ich spürte eine tiefe Verwandtschaft mit diesen Menschen.

Als ich schließlich nach Hause kam, gab ich meine Arbeit auf. Alles hörte auf. Ich nahm alle meine Kleider, all die bezaubernden Kostüme, die ich in zahlreichen Nachtclubs und zu unzähligen Dinnerpartys getragen hatte, und warf sie auf mein Bett: Anzüge von Jean Paul Gaultier und Armani, Jacken von Comme des Garçons, Matsuda-Mäntel, die besten handgefertigten Schuhe der Welt, Mäntel im Chanel-Stil, die ich für Männer entworfen hatte. Ich nahm alles in meine Arme – feinste Mode im Wert von Tausenden von Dollars – und ging auf den St. Mark's Square, um es zu verkaufen.

Die Menschen kamen von überall her. Alte Freunde von mir riefen ihre Freunde an und erzählten ihnen, daß ich verzweifelt wäre und Haute Couture auf der Straße für fast nichts verkaufen würde. Es war eine wüste Szene. Viele der besten Kleider, die Stücke, die sich niemand leisten konnte, verschenkte ich einfach an die Obdachlosen. Sie sahen bezaubernd darin aus. Ich mußte lachen, ihre Augen leuchteten auf vor Freude.

»Dank Euch, gütiger Prinz, für die königlichen Roben«, sagte ein Betrunkener. Einige modebewußte Leute gaben mir alle ihre Ersparnisse für eine wertvolle Jakke. Im Wahnsinn des Konsums zahlte jeder seine eigenen Preise. Ich nahm an, was immer mir angeboten wurde. Als Gegenleistung gab ich jedem Menschen ein Geschenk: ein freundliches Wort, eine kurze Seelen-Lesung, einen Kristall oder einen Stein.

Inmitten von alldem fiel mir Alice Baileys Buch *Verblendung: Ein Weltproblem* ein. Ich machte mir nichts mehr aus Verblendung. Ich mußte keine Gegenstände oder Menschen besitzen oder mein Leben mit Shopping verbringen.

So wurde mein altes Leben zu einem vergangenen Leben. Es war an der Zeit, von vorn anzufangen. Ich wurde zum heiligen Narr des Tarot: Ich hatte alles verloren und meine Seele gefunden. Ich mußte mich immer noch der spirituellen Verblendung des New Age stellen, aber das würde erst viel später kommen.

Mein nächster Gedanke war, eine kleinere Version von Stonehenge mitten in New York zu bauen. Ich fand ein leeres Grundstück im East Village und transportierte Wagenladungen blauer Steine dorthin. Ich erinnerte mich daran, daß Stonehenge ursprünglich blau war, und wollte das blaue Licht, das bei Vollmond von den Steinen ausging, exakt reproduzieren.

Danach begann ich, wie wild Steinkreise in der ganzen Stadt zu bauen, und stellte überall dort Steindenkmäler auf, wo ich Kreuzungen von Leylinien erspürte. Ein betrunkener Indianer beobachtete mich dabei, wie ich auf leeren Grundstücken sorgfältig Medizinräder auslegte. Ich führte ihn in einer Spirale durch die vier Himmelsrichtungen zum Zentrum und rief die vier Elemente, die vier Erzengel und »alle meine Verwandten« an. Er begann, mich in meinem Streben als städtischer Schamane zu unterstützen.

Mit dem Rest meiner Ersparnisse bezahlte ich sechs Monate Miete im voraus, füllte meinen Kühlschrank mit Vorräten auf und betete um eine neue Richtung. Dann fastete ich, begab mich auf eine städtische Visionssuche und besuchte häufig esoterische Buchläden. Ich las stundenlang in Büchern über eingeborene Völker, Medizinlehren der Indianer, alte Kulturen und Arbeiten von Nicola Tesla.

In dem Moment, als ich den Namen dieses Mannes hörte und von seinen Erfindungen und Experimenten in Colorado las, wollte ich seine Errungenschaften nachbauen. Schon bald darauf stellte ich Tesla-Spulen in meiner Wohnung her. Schließlich war mein Fußboden mit Pyramiden, Kupferdrahtexperimenten, Turbinen und Zeichnungen aus Teslas Notizbüchern bedeckt. Ich fand einen Mitbewohner, der Beleuchtungsdesigner war. Wir bauten gemeinsam gewölbte Wände und Steuerkonsolen, um die Filter an den Fresnel-Leuchten zu schalten und quer durch das Wohnzimmer Regenbogen zu erzeugen.

Wir badeten uns in reinen Farbfeldern. Wir studierten die Lehre der heiligen Geometrie und bauten heilende Umgebungen. Wir drapierten die Wohnung mit weißen Tüchern und oxidierten Kupferschalen, Lampen und Tische in einer an Pompeji erinnernden blaugrünen Farbe. Wir stellten Kristalle in den Ecken auf, setzen Magnete unter die Tische und malten Medizinräder auf den Fußboden.

Während dieser Zeit rief Linda an, und fragte mich, ob ich gerne mehr über Kristalle lernen wollte. Während ich zu ihrem Seminar ging, hielt mich eine Frau auf der Straße an, gab mir einen blauen Quarzkristall und sagte: »Du hast dich erinnert und geöffnet. Hier ist ein Geschenk.« Überall war Synchronizität.

Auf dem Seminar kannte ich bereits die Namen und den Zweck aller Edelsteine. Linda zeigte mir unter anderem ein Kahuna-Objekt. Während ich das Objekt hielt, sah ich verschwommenen Nebel. Dann erschienen, wie auf einem Bildschirm, Bilder von Lemurien, zahlreichen Matriarchaten und den verschiedenen Kahuna-Geschlechtern.

Danach begann ich, Gegenstände in meiner Umgebung auf ihre versteckten Geschichten zu »lesen«. Alle Objekte projizierten Bilder und drängten mich, sie holographisch zu betrachten, während ich mit ihrer kristallinen Struktur mitschwang.

Ich fühlte die Spannung und das Drama des Lebens und wollte jedes Phänomen, jedes Geheimnis erforschen und erkunden. Wie funktionieren andere Dimensionen? Wie werden Bilder von der Fünften Welt, der Hopi-Dimension der Nichtdualität, synchron nach hier projiziert? Ich brannte vor Wissensdurst.

Ich entschied, daß Channeln das beste Mittel für weitere Entdeckungen sei. Rianna und ich trafen uns häufig im Edelsteinraum des Museums für Naturgeschichte. Dort berührten wir Hunderte von großen Kristallen. Sie wurden zu unseren engen Freunden und Lehrern. Die Wächter sahen uns erst mißtrauisch und schließlich mit Verblüffung zu. Wir legten unsere Hände auf die Oberfläche der Steine und erhöhten unser Bewußtsein, bis wir uns in einem fast fiebrigen Zustand befanden. Die Steine lehrten uns Heilung durch Klänge, zeigten uns einen einfachen Zugang zu anderen Welten und erzählten uns die versteckten Geschichten der Erde.

In diesen Steinen sah ich Riannas Schicksal, ihre zukünftige Arbeit beim Film und den animierten Film, den sie über Elfen produzieren würde. Auch sah ich ihren Mann und ihre Kinder. Wir waren beide dabei, unsere Zukunft zu erkennen. Ich erzählte Rianna alles, was ich sah und fühlte.

Als es an der Zeit war, meine eigene Zukunft zu erblicken, sah ich einen unbarmherzigen Tyrannen, die Konfrontation mit meinem Schatten, mein Talent zu entdecken, meine zukünftige Arbeit mit den Namen von Menschen und Reisen in die Träume anderer Leute. Dann sah ich einen »grünen Mann«, einen einsamen Waldbewohner, der in der Nähe einer Gemeinschaft im Wald in Einsamkeit, Zufriedenheit und Frieden lebte. Dieser Einblick in die Möglichkeiten der Zukunft erlaubte mir, mit einem leeren Ort in mir Verbindung aufzunehmen, einem Ort ohne Gedanken und ohne Verstand, einem Ort höchster Stille. Das innere Feuer in meiner Gebärmutter glühte jetzt. »Du hast den Stillpunkt niemals verlassen.«

Ich erkannte damals, daß ich niemanden brauchte. Die Welt war ein Garten, und ich hatte ihn nie verlassen. Ich war leer, ohne Grenzen und ohne Ziel, außer dem einen, *hier* zu sein. Die Welt mußte sich niemals ändern. Ich entspannte mich und hörte auf zu denken.

Am nächsten Morgen begann ich zu channeln.

Vier

Einweihung

Rianna war immer davon überzeugt gewesen, daß ich auf einfache, natürliche Weise Botschaften von den Sternen und aus anderen Dimensionen empfangen konnte. Als sie eines Abends zum Essen vorbeikam, fragte sie mich, ob alle meine durchdachten Versuche, zu channeln – ich hatte im ganzen Haus Kassettenrecorder verteilt –, zum Erfolg geführt hatten. Ich erklärte ihr, daß ich aufgegeben hatte und daß Channeln nichts für mich sei.

Während meiner Worte füllte sich das Zimmer mit einer herrlichen Präsenz, meine Kehle entspannte sich, wurde weiter und wärmer, und ein anderer Teil meiner selbst begann zu sprechen. Ich redete bei vollem Bewußtsein darüber, wie wir unsere eigenen Realitäten erschaffen und daß wir die Verantwortung dafür tragen, die Psychologie des Westens mit der Spiritualität des Ostens zu verbinden. Es war an der Zeit, unsere Körper vollständig anzunehmen und sie zu lieben, sagte ich, an der Zeit, berührt zu werden. Wir müssen unsere Körper ehren und schätzen, solange wir sie haben, weil andere Dimensionen sehr anders und oft formlos sind. Wir müssen fühlen, solange wir noch Haut haben.

An diesem Abend und in der Zeit danach sprach ich, als ob ich ein Radioempfänger wäre. Ich nahm unterschiedliche Stimmen wahr und identifizierte sie als Erzengel Michael, das Sternenvolk, das Baumvolk und das Volk der Inneren Erde. Ich konnte schließlich zu meinem gesamten Bewußtsein wie zu einer Versammlung von Geistern sprechen, die mit mir durch das Netz des Lebens verbunden waren.

Mit der Zeit wurden verschiedene Geister zu meinen Verbündeten und berichteten mir, welche Krankheiten andere Menschen hatten und wie man einen Körper untersucht, und lehrten mich, wie man Erkrankungen heilt oder negative Energien exakt lokalisiert. Ich las Grays *Anatomie des menschlichen Körpers* und fing an, psychoenergetische Chirurgie[3] an Menschen vorzunehmen. Während ich mit den Geistern redete, sah ich die Geisterwelten und lernte verschiedene Großmütter und Großväter aus der Traumzeit kennen. Eine völlig neue Welt eröffnete sich mir.

Rianna und ich fingen mit schamanischem Trommeln an. Wir trommelten uns durch Himmelsreisen und Reisen in die Unterwelt zu heiligen Bergen, holten die Seelen von Menschen zurück, trafen Lehrer und traten sogar in die Träume anderer Leute ein. In einigen Träumen ging ich in Kriegsgebiete und half Flüchtlingen oder sterbenden Opfern großer Erdbeben. Oft berieten Rianna und ich uns miteinander, und wir behandelten die Körper anderer Leute in ihren Träumen. Die Geister waren meine Freunde. Ich achtete sie, und sie richteten niemals Schaden an.

Schon nach kurzer Zeit klingelte mein Telefon öfter als früher. Hunderte von Menschen strömten zu meiner Wohnung und baten um Channeling-Sitzungen und Heilung.

[3] A. d. Ü.: Energetische »Operationen« ohne Verwendung jeglicher Instrumente

»Könntest du deine Geistführer bitten, für mich Informationen einzuholen?« fragten sie mich.

Ich sah, daß jedes menschliche Wesen einzigartig war und daß ihre Probleme persönlicher Natur waren. Ich sah auch, daß ich, obgleich ich nicht jeden heilen konnte, Ratschläge anbieten konnte. Ich konnte Liebe ausstrahlen indem ich an Schönheit und Perfektion dachte. Rianna brachte einen Freund mit einem Kassettenrecorder mit und ab diesem Zeitpunkt begann sie, die Sitzungen aufzunehmen. Ich nahm im Austausch für meine Arbeit Geschenke an. Obwohl ich nichts für meine Dienste verlangte, hatte ich immer genug Geld.

Meine Klienten stellten mir Fragen wie: »Woher weißt du, daß meine Mutter bei einem Autounfall gestorben ist?«, oder: »Woher weißt du, daß ich letzte Woche eine Abtreibung hatte?« Ich spiegelte den Menschen ihre Seele wider. Wenn ich ihnen einen klaren Spiegel zeigen konnte, der alle Dimensionen wiedergab, vertrauten sie sich selbst genug, um ihre eigenen Antworten zu finden.

Ich mußte Menschen sanft zu sich selbst zurückführen und ihnen genug Informationen geben, damit sie mit ihrer inneren Arbeit beginnen konnten. Ich erklärte ihnen, daß diese Nachforschungen nicht leicht waren, aber die großartigste Arbeit darstellten, die sie jemals tun würden. »Ich habe keine Antworten«, sagte ich, »und ich bin kein Guru. Ich bin einfach wie du: Ein Mensch, der dabei ist, vollkommen menschlich zu werden.«

Bald traf ich eine Frau namens Tani, sie wurde zu meiner Partnerin. Wir arbeiteten Seite an Seite mit den Klienten. Nachdem sie jemandem ihre Hände aufgelegt hatte, bot sie mir ihre Handflächen an, und ich legte meine Hände darauf. Darauf begannen wir im Strom einer starken Energie zu zittern und zu vibrieren.

Tani war bemerkenswert. Sie erforschte und erprobte ständig ihre neu gewonnenen Fähigkeiten. Wir sahen schwarze Löcher und ganze Sternensysteme in den Körpern der Menschen und sagten zueinander:

»Hast du das schwarze Loch gesehen, das zeigt, daß sie als Kind vergewaltigt worden ist?«, oder: »Sieh dieses Sternenmuster hier, und die Inschrift auf ihrem dritten Auge«, oder: »Dieser Mensch hat ein Dreieck auf seinem dritten Auge.«

Wir channelten oftmals die gleiche Energie durch unser beider Körper und redeten miteinander, auch in anderen Sprachen, die wir nicht verstanden, mit denen wir uns jedoch verbunden fühlten.

Andere Aspekte von uns führten Gespräche über den Tisch, sangen einander Lieder vor und brachen dann in Gelächter aus. Tani war meine Schwester aus der Traumzeit. Ich wußte, daß wir von einem ähnlichen Ort gekommen waren und daß ich, wo auch immer wir uns auf der Welt befanden, sie finden und meine letzte Unterhaltung mit ihr dort fortsetzen würde, wo wir sie zuletzt unterbrochen hatten.

Dann begann die Heilung mit Klängen. Ich saß mit Tani in einem abgedunkelten Zimmer, und wir sangen *durch* einander. In einem Zustand der ständigen Hingabe ließen wir uns von Liedern »singen« und von Geschichten »schreiben«. Wir lernten, tief aus dem ersten Chakra im Hüftbereich zu atmen und große, lange Töne in der Lunge zu erzeugen. Wir übten wochenlang Obertonsingen.

Dann ging ich in die Stille, um zu singen. Ich verbrachte einen Monat lang allein, sprach niemals ein Wort, sondern sang stattdessen zu jeder Lebensform –

jeder Pflanze, jedem Baum, jedem Gegenstand. Ich lernte, durch Gefühle zu kommunizieren. Ich lernte die Klänge für jede Farbe und verbrachte Tage im Feld der gleichen Farbnuance. Ich erlebte die Schöpfung, die Namensgebung der Dinge und den Klang ihrer essentiellen Natur. Ich erfuhr reines Gefühl.

Während dieser Zeit ging ich nicht ans Telefon, und sogar alltägliche Handlungen nahmen eine heilige Bedeutung an. Ich sang meinen geheimsten Ton und arbeitete mich durch meinen Körper, um die Resonanz meines Herzens, meiner Lunge, meiner Gallenblase und meines Darms zu finden. In dieser Zeit legte ich den Grundstein für das Obertonsingen durch die Körper anderer Menschen zur Heilung ihrer inneren Organe.

Später arbeitete ich mit Krebszellen, sang zu ihnen und begann, Krebserkrankungen zu heilen. Ich identifizierte die Frequenz der Krebszellen und überlagerte den Zellen durch meinen Gesang neue Anweisungen, um das Auflösen der Krankheit zu unterstützen. Ich sang zu jeder Zelle von der Geschichte der Seele dieses Menschen und davon, wie diese bestimmte Zelle bei der Transformation der Materie mithalf. Bald lernte ich, einige Krankheiten durch Klang und Absicht vollständig aufzulösen. Ich fühlte die Gegenwart von Nada Brahma, dem klanglosen Klang, und wie er mich sang, und wollte ihn mit anderen teilen.

Tani und ich entwickelten eine Behandlungsform, bei der wir »durch« die Körper von Menschen sangen und sie auf den Boden legten und mit komplizierten Mustern aus Steinen und Kristallen umgaben. Wir sangen durch ihre Zellen und bewegten uns synchron um sie herum. Wir sprachen mit Worten zu ihrer Seele, während wir emotionale Muster, schädliche energetische Verbindungen zu anderen Menschen und Krankheitsstoffe identifizierten und aus ihrem Muskelgewebe und ihren Zellmembranen herausholten. Unsere Arbeit war kraftvoll. Sie lehrte mich, wie zwei Menschen, die zusammenarbeiten, den natürlichen Heilungsprozeß exponentiell beschleunigen können.

Eines Abends beschloß Tani, daß es Zeit für eine Einweihung sei. Sie wollte mich zu meinem Löwentotem führen. Wir schlossen unsere Augen und ließen unsere dritten Augen miteinander verschmelzen, damit wir die gleichen Bilder sahen. Wir überprüften uns auf diese Weise oft gegenseitig, um herauszufinden, ob wir tatsächlich Zeugen der gleichen Ereignisse waren. Diesmal konzentrierten wir uns wie Laserstrahlen.

Ich ließ mich zu einem Altar treiben, den ich kürzlich im Traum gesehen hatte. Ich hatte einen Löwenkörper und ein Löwengesicht. Während ich mich umsah, erblickte ich Hunderte von Löwenmenschen und Wesen aus verschiedenen Dimensionen mit Tiergesichtern aufgereiht um mich herumstehen. Die Andromeda-Wesen und die Lehrer von den Plejaden hatten keine Form, während die Paschats, die Löwenmenschen von Sirius, sehr stofflich waren.

Ich ging zu dem Altar hinauf und sah einen Thron. Daneben standen aufrecht zwei hochgewachsene Löwenwesen, die darauf warteten, mir ein Breitbeil zu übergeben. Sie legten mir eine Robe um die Schultern (ähnlich einem Sternenquilt) und blickten mich vertraut und vergnügt an. Sie erklärten mir, daß sie Projektionen aus der fünften Dimension darstellten und aus der Lehre der Archetypen stammten. Sie sagten, daß sie so real wie ich seien und zu direkter Kommunikation mit mir immer bereit wären, falls ich sie jemals bräuchte.

Sie sangen ein Lied, das sich ostindisch anhörte. Dies war eine galaktische Einweihung, ganz wie das buddhistische Kalichakra-Ritual auf der Erde. Der Dalai Lama führt das Kalachakra-Ritual durch, bei dem Menschen ihr Leben in den Dienst aller fühlenden Wesen stellen und neue Namen erhalten, die sich auf Shambhala, das tibetische spirituelle Königreich, beziehen. Die Wesen sagten mir, daß mein neuer Name *Solan* (Junger Adler) lautete.

Ich erklärte den Wesen, daß ich kein Mitglied einer Schule der Mysterien oder einer geheimen Lehre sein wollte, sondern daß alle okkulten oder versteckten Informationen enthüllt werden sollten, damit alle Menschen sie verstehen könnten. Ich wollte nicht wie eine fürstliche Persönlichkeit behandelt werden, ich wollte gewöhnlich und jedem anderen gleich sein. Alle kommen aus der gleichen Quelle, sagte ich. Alle bestehen aus der gleichen Essenz. Ohne mein Wissen bestand ich durch diese Worte meine Einweihung.

In anderen Leben hatte ich Einweihungen in Tempeln erlebt, in denen ich sexuell mißbraucht, als Mann von männlichen Priestern vergewaltigt oder mit bizarren Ritualen in verschiedene Orden eingeführt worden war. Durch solche Einweihungen hatte ich einen Abscheu vor elitärem Denken und Geheimgesellschaften entwickelt, welche Kontrolle und Manipulation ausübten. Wie das Erreichen des Mannesalters, die Eheschließung oder die Öffnung des dritten Auges ist eine Einweihung ein Übergangsritus des Herzens. Als ich den emotionalen und sexuellen Mißbrauch der Vergangenheit und die Dunkelheit aller Magier, die ich gekannt hatte, losließ, nahm die Einweihung die einfache Bedeutung eines neuen Anfangs an.

Ich war zu lange Mönch, Einsiedler und Asket gewesen. Nun war es an der Zeit, in die Welt eingeweiht zu werden, in das Wissen und die Erfahrung, die schließlich zur Weisheit werden, wenn sie integriert sind. Ich brauchte mehr als die ostindischen Lehren der Selbsterkenntnis. Ich hatte die Stille des höheren Selbst entdeckt. Jetzt war es an der Zeit, in der Welt zu sein.

Es war Zeit, nach Glastonbury in England zu gehen und meine tiefe Sehnsucht nach Avalon auf Erden zu stillen und den Tierkreis, den »Kreis der Zwölf«, in der Landschaft zu sehen. Rianna war gerade von Glastonbury zurückgekehrt, wo sie den Tor[4] bestiegen und ein riesiges Mandala aus Feuer und Farben am Himmel gesehen hatte. Tani und ich bereiteten uns auf ein Abenteuer vor.

[4]A. d. Ü.: Der »Tor«, das markante Wahrzeichen von Glastonbury, ist ein Hügel, auf dem der Turm einer Kirche aus dem Mittelalter steht.

Fünf
Glastonbury

Der Tor ist ein majestätischer ovaler Hügel mit sieben großen Stufen. Er ist die Heimat der Tuatha de Naan, eines Feenstamms aus den keltischen Sagen. Im Zeitalter von Atlantis war dieser Feenstamm von Wasser umgeben. Der Tor ist die Quelle der Legenden um Avalon. Man sagt, daß König Arthur in der alten Abtei begraben liegt, die auf einer der stärksten Leylinien der Britischen Inseln steht.

Tani und ich gingen zum Chalice Hill, einem Ort mit einer heiligen Quelle. Wir sangen einen Segen für die Erde, tauchten unsere Hände in das Wasser der Quelle und spritzten einige Tropfen über unsere Schultern. Wir sprachen mit den Geistern und dem Engel der Landschaft, die uns ihren Segen für unsere Reise gaben. Auf dem Deckstein der Quelle ist eine Abbildung der *vesica piscis*, der heiligen Ehe des männlichen und des weiblichen Prinzips, in Stein graviert. Das Land von Glastonbury war mit Naturgeistern, Devas[5] und Elementarwesen bevölkert. Auf den Weiden, auf denen Schafe grasten, konnte man Millionen Jahre alte Mollusken finden. Es gab markierte Feen- und Elfenpfade, kreisförmige Baumhaine, Steinkreise, Steinhaufen und Dolmen.

Innerhalb von vierundzwanzig Stunden hatten Tani und ich in der Stadtmitte einen besonderen Laden na-

[5]A. d. Ü.: Elementarwesen, die für Pflanzen sorgen

mens »Starchild«[6] gefunden. Dieser Laden hatte einen Hof mit einem Brunnen neben dem Eingang. In dem Hof entdeckte ich eine Gruppe von zehn Frauen in weißen Kleidern. Sie tauften gerade einige Kinder. Niemand sonst konnte sie sehen, ich jedoch beobachtete ihre Bewegungen genau. Ich sah, wie sie die Seele eines Kindes von den Sternen holten und wie sehr sie das Kind liebten.

Es war kein Zufall, daß der Laden »Starchild« hieß. Carmen, die Eigentümerin des Geschäfts, sprach Tani an und fühlte sofort eine enge Verbindung zu ihr. Nach kurzer Zeit machte sie uns Geschenke und bot uns an, in ihrem Haus auf dem Chalice Hill zu wohnen. Ihr Mann, mit dem zusammen sie den Laden betrieb, kommunizierte mit Devas und Engeln und stellte Tinkturen und Kräutermittel her, deren Formeln ihm von Naturgeistern übermittelt wurden.

Durch das Haus dieses Paares verlief genau dort, wo Tani und ich schliefen, ein Elfenweg. Die Elfen liefen die ganze Nacht durch unsere Körper und nahmen häufig Gegenstände von uns mit. Wir blieben beinahe die ganze Zeit wach und beobachteten sie. Als der Schlaf endlich kam, überwältigten uns die Elfen mit Bildern von Talismanen, Runen, Kelchen, Riesen, Orten in Wales und den Geburtsritualen alter Völker wie der Nabateaner, der vorkeltischen Rassen, und dem Feenvolk. Man erzählte uns, daß die alten Kelten mit der Zeit aus dem Osten in die westlichen Randbereiche der Britischen Inseln vertrieben worden waren.

Ich träumte viele Nächte von den Nabateanern und ihren alten Einweihungsriten. Die Nabateaner tauchten Menschen unter Wasser, bis sie vier Minuten lang zu

[6] A. d. Ü.: Auf deutsch »Sternenkind«

atmen aufhörten und zu sterben begannen. Der einweihende Priester hielt dabei seine Hand hinter den Kopf der untergetauchten Person, erspürte ihre Lebenskraft und überwachte die Hirnaktivität. Wenn es an der Zeit war, holte er die Seele des Menschen ruckartig in den Körper zurück und leitete die Atmung wieder ein. Während dieser wenigen Minuten sahen die Eingeweihten noch einmal ihr gesamtes Leben auf der Erde und verstanden den Einfluß auf andere Leben in ihrer gegenwärtigen Existenz. Auf diese Weise konfrontieren sie ihre Angst vor dem Tod und schließen Frieden mit dem Leben.

Die Ausbildung für dieses Ritual erforderte die Entwicklung eines starken Lebenswillens und die Unterweisung in der Funktion der feinstofflichen Körper und der Seelenreise. Nachdem sie wiederbelebt worden waren, erzählten die Eingeweihten, was sie gesehen hatten, und teilten es den Priestern zur Interpretation mit. Das war ihre Taufe, ihre zweite Geburt in ein bewußtes Leben.

In Glastonbury lernte ich in meinen Träumen, unterirdischen Wasserläufen zu folgen. Ich übte im Wachzustand, ich konzentrierte mein Bewußtsein auf die sich unter mir schlängelnden Wasserwege und folgte ihnen intuitiv. Wie ein Wünschelrutengänger fand ich kuppelförmige Höhlen mit unterirdischen Gewässern, kreisförmige Haine, aufrecht stehende Steine, sich schlängelnde Tierpfade und Ruheplätze von Rehen. Ich saß an diesen Orten und zog die Lebenskraft aus der Erde durch mein Wurzelchakra in meine Wirbelsäule. Ich hörte ein Summen in der Erde und eine Stimme, die sagte: »Leben ist Wasser und Stein. Leben ist Wasser und Stein. Du bist die vier Flüsse, die dich nach Hause führen.«

Ich sang zum Zentrum der Erde, begab mich dann auf Reisen unter die Erde und folgte den unterirdischen Flüssen. Sie waren Elfenpfade. Die Elfen und die Gnome sind die Wächter der Geheimnisse der Erde.

Mnemosyne, die griechische Göttin der Erinnerung, erinnerte mich daran, daß sich auch ihr Pfad schlangenförmig wand. Ich lernte, daß sich Töne in der Luft linear und im Wasser kreisförmig ausbreiten. Die Undinen, die weiblichen Wassergeister, brachten mir bei, Wellenmuster zu entziffern und unterirdische Ozeane ausfindig zu machen. Ich sah, wie die Stämme von Mer und die ersten Delphine zu Menschen wurden. Ich erblickte einen Tempel in Atlantis, wo Delphine als Menschen inkarnieren durften. Nachdem der Tempel zerstört worden war, konnten viele Delphine ihre menschlichen Körper nicht verlassen und daher nicht in den Ozean zurückkehren. Sie fühlten sich gefangen und betrogen.

Unser Reptiliengehirn enthält immer noch Erinnerungen an das Reptilvolk der Nibiruaner und an die Delphine. Delphine verbinden in ihren Gehirnen die Kontinente miteinander, während sie in den unterirdischen Flüssen unter riesigen Landmassen schwimmen. Ich erinnerte mich auch an Oannes, das Wurzelwort von Johannes und Johannes dem Täufer, dem Gott, der aus dem Wasser kann, um die Sumerer zu unterrichten. Dies war Mnemosynes Handschrift: auf verschlungenen Pfaden das Bild und die Bedeutung der Taufe zu finden.

Dieses Buch ist in gewissem Sinn eine Taufe. Wir loten gemeinsam die Tiefen des Unbewußten aus und kommen mit einem neuen Bild des Gottes in unserem Inneren zurück, der darauf wartet, zum zweiten Mal geboren zu werden. Wir bringen eine bewußte Wahrnehmung von dem, was wir gewesen sind, mit uns zurück, und sie wird zu unserer Abstammungsgeschichte.

Wenn die Zeit dafür gekommen ist, werden wir alle unsere Geschichten erzählen, die Geschichten der Erde, die sich mit dem Himmel verbindet. Das wird ein bedeutender Tag und ein großartiges Miteinander sein. Alle unsere Geschichten sind Teil einer größeren kollektiven Einweihung: die Geburt unserer bewußten Menschlichkeit und unseres rechtmäßigen Platzes im Universum.

Tani und ich trafen in Glastonbury einen Schamanen, der ebenfalls die Geburtstempel der Priesterinnen gesehen hatte, die Sternenkinder auf die Erde holen. Dieser Mann arbeitete mit Baumgeistern. Er schnitzte kunstvolle hölzerne Akupunkturnadeln, die die Geister der Bäume enthielten, von denen sie stammten. Als wir uns auf seinen Tisch legten und diese Nadeln hielten, fühlten wir, wie Wärme in unseren Körpern aufwallte und versteckte Gefühle an die Oberfläche stiegen. Gefühle von Unwürdigkeit, Eitelkeit und Unsicherheit wollten alle gehört und geheilt werden.

Nachdem jede Emotion anerkannt worden war, erlebten wir eine Erinnerung an ein Ereignis oder eine Handlung aus unserer Vergangenheit und erhielten eine Lektion. Während dieser Sitzungen ließen wir das lineare Denken hinter uns, und ein holographisches Bewußtsein stieg in uns auf. Wir entwickelten auf kinästhetische Weise Gefühle der Sicherheit und des Vergnügens, als wenn wir uns mitten in einem dichten Wald befinden würden.

Bei jedem Vollmond sammelte der Schamane Kräuter und stellte Potpourris, Tinkturen und andere Heilmittel her. Sein Büro war voll von Lavendelduft, Beifußgeistern und Eichen- und Holunderbeerästen. In einer Ecke des Zimmers befanden sich ein Hirschgeweih, ein Gedicht an die Göttin und ein Kessel.

Der Schamane nahm uns oft in das Land um Glastonbury mit, wo er seine eigenen Steinkreise gebaut und mit den Geistern der Bergschlucht kommuniziert hatte. Er bat uns, unsere Augen zu schließen und ihm zu sagen, wo sich der nächste Elf befinde. Intuitiv antwortete ich: »Direkt an meinem Ohr, ich spüre seinen Atem«, und er schrie: »Richtig!« Er nahm uns zu den Wohn- und Versammlungsorten der Elfen mit, und die Luft fühlte sich zum Schneiden dick und voller starrender Augen an.

Er brachte uns auch bei, auf die drei Aurafelder eines Baums zu achten und mit ihnen in Kontakt zu treten. Einmal gingen wir im Uhrzeigersinn um einen Baumstamm herum, und ich wählte eine Richtung, in die ich eine Frage stellen wollte. Ich lehnte mit meinem Rücken an der dicken Rinde des Baums und fragte, warum ich nach Glastonbury gekommen war. Ich hörte nichts, fühlte aber, wie sich das Innere des Baums öffnete und ein großer Geist herauskam und mich einhüllte. Ich stieg durch den Baumstamm zu einer höheren Perspektive auf.

Dann hörte ich den Baumgeist flüstern: »Sei ganz ruhig! Glastonbury ist dein Zuhause. Du wirst immer wiederkommen, um mit den Geistern zu sprechen. Du mußt noch dem Tor gegenübertreten, den Blutopfern der Könige ins Auge sehen und die Begräbnisplätze von Iona in Schottland besuchen. Denk daran, die Zyklen der Erde wieder zu feiern. Höre auf den Wind, den Puls den Landes, und vergiß ihn niemals.«

Ich dankte dem Baum, löste mich von seinem Stamm und hörte aus der Ferne Flötenspiel. Es war der Gott Pan. Ich fühlte mich von der Musik angezogen. Ich wurde in einen tiefen Schlaf eingelullt und traf im Traum den grünen Mann.

Zuerst sah ich Männer in schwarzer Rüstung, die auf ihren Pferden wütend dunkle Straßen entlanggaloppierten. Ich sah einen kräftigen gehörnten Gott, dessen Körper aus im Boden verwurzelter Erde bestand. Carl Jungs Geschichte von Wotan und seinen Männern, die er bei Nacht an seinem Haus in Bollingen vorbeireiten hörte, fiel mir ein. Ich wußte, daß ich Zeuge der Wilden Jagd war, die nach einem Teil meiner Seele suchte, den ich in Glastonbury verloren hatte. Ich jagte mich selbst: Ich suchte mein Herz in den sich verdunkelnden Wäldern.

Der gehörnte Gott blickte mich an. »Nein«, sagte er, »du suchst deine Männlichkeit. Sie ist wild und kann durch keinen Mann und keine Konvention gezähmt werden. Du bist ein Mann des Waldes, mit Hufen wie wir. Du bist wie Robin vom Wald und findest hier deinen Platz und deinen Instinkt. Du mußt Männern und Frauen zeigen, wie sie die Teile ihrer selbst wieder zusammensetzen, zuerst dreizehn Teile und zum Schluß den neuen Mann, den vierzehnten Teil, die Rückkehr von Arthur.«

Der gehörnte Gott war als Gabe an die Göttin wild, voller Leben und dicht behaart, ein starker Hüter der Erde. Er gab mir die Erlaubnis, wie er zu sein. Er erklärte mir, daß wahre Macht in den Instinkten liegt. Er wollte, daß ich mit ihm Tiere aufspürte, Gerüchen statt meiner Augen folgte und in den Wäldern sehr still wurde und dann plötzlich aus dem Gebüsch hervorspringe. Er trug eine Tätowierung in Form eines Stiers auf seinem Arm. Ich mußte den Stier bei seinen Hörner pakken, zu Boden ringen und ihn führen, anstatt mich von ihm führen zu lassen.

Der Stier war meine kraftvolle Natur, die von meinem Willen gelenkt wurde. Er war mein Animus, und ich war der Stierwächter, der Mithras-Stierkämpfer, der dem Minotaurus in der Arena gegenübersteht. Ich hielt den Stier bei seinen Hörnern und führte das fromme Tier. Für mich wurde der Stier zu allen Stieren, zu allen meinen heißen und heftigen Trieben, die gemeistert werden wollten. Ich war Zeuge, wie Mithras, der alte persische Gott des Lichts, den Stier mit einem Messer schlachtete, um eins mit ihm zu werden und den Sieg in der Schlacht zu sichern.

In meiner Träumerei erinnerte ich mich daran, daß die berühmte Künstlerin Georgia O'Keeffe in der Wüste des Südwestens Hörner von Bullen, Stieren und Widdern gesammelt und gemalt hatte. Sie hatte gesagt, daß sie »sich auf der Mesa individualisieren und dort allein sein« wollte. Ich fühlte, wie die Wüstenhörner auch mich riefen. Ich hörte die Worte »New Mexico«.

Der gehörnte Gott sah mich zufrieden an. »Du mußt mehr wilde Pferde reiten«, sagte er, »und dein Haar wie die Merowinger wachsen lassen und diese wilde Natur in dir gut hüten, Bursche.« Pan spielte wieder auf seiner Flöte, und ich kehrte zu meinem Körper zurück.

Der gehörnte Gott schickte mir ein Bild meines Vaters während meiner Kindheit. Mein Vater war bereits vor meiner Geburt in sein Waldhaus gezogen. Hohe, herrliche immergrüne Bäume umringten das Haus an den Hecken. Er hatte den Garten mit Statuen von Elfen, Bildern von Pixies[7] und Kobolden mit Laternen in der Hand und Schildern verziert, die mit alten Sprüchen von seiner Liebe für seinen Garten zeugten.

Mein Vater machte mich zu seinem Gärtner. Ich mähte den Rasen, harkte die Wege, zupfte Unkraut in den Wiesen und fütterte die Vögel, die wir in riesigen

[7]A. d. Ü.: Kleine, oft schelmisch veranlagte Elementarwesen

Vogelhäusern hielten. Wir hatten Mandarinenten aus China, Lady-Amherst-Fasane, Silberfasane, Pfauen, japanische Hühner, Tangare, Wachteln, Fächerschwanztauben, Finken und Kardinäle.

Ich mochte weder die Schule noch die meisten Wettkampfsportarten und verbrachte daher meine ganze Freizeit mit dem Erforschen und Durchqueren des Waldes. Einmal traf ich dort auf einen Jäger mit einem Rudel Hunde. Die Hunde verfolgten mich jaulend, und ich lief vor dem Jäger davon, so schnell ich konnte. Er war ein Mann im mittleren Alter, trug Stiefel, Wollhosen und eine graue Kappe. Jetzt fragte ich mich, ob er wirklich oder eine Facette des gehörnten Gottes gewesen war. Ich wußte es nicht, aber ich erinnerte mich wieder an ihn, und diesmal würde ich nicht mehr vor ihm weglaufen.

Als Kind liebte ich es, in den Maiglöckchenfeldern zu sitzen und nach schweren Regenfällen durch die Marschen zu wandern. Ich pflanzte Getreide in Spiralenform an und pflückte die saftigsten Früchte aus den Obstgärten. Ich jagte Beutelratten und stellte Fallen für sie auf, um sie davon abzuhalten, unsere Vögel zu fressen. Ich hielt einen Waschbär als Haustier, dem ich die Freiheit gab, als er den Ruf der Wildnis vernahm.

Ich balancierte über Baumstämme und bildete mir ein, an der Olympiade im Baumbalancieren teilzunehmen. Ich stellte mir vor, wie Holzfäller aus der ganzen Welt herbeikamen und fünfzehn Meter über dem Boden in der Luft hängend auf mächtigen Bäumen balancierten. Ich stellte mir auch riesige Wälder in Lemurien mit Vergnügungsfahrten vor, die mitten durch tunnelartige große Bäume führten. Ich sah ungeheure Farne, die zehnmal größer waren als ein Mensch.

Der gehörnte Gott hatte alle diese Erinnerungen

zurückgebracht. Jetzt fühlte ich, wie das Moos unter mir wieder glänzte und reifte. Ich öffnete mein Herz und ließ Khidr ein, den grünen Mann, Robin vom Wald. Ich fühlte jetzt wieder das Grünen und Sprießen der Welt. Krieg war überholt und veraltet, der gehörnte Mann war der Gott in mir, und ich mußte eine Beziehung zu ihm aufbauen. Von diesem Tag an ließ ich mein Haar wachsen und auf meinen Rücken fallen und hielt es mit Lederriemen zusammen. Ich liebte meinen haarigen Körper, war stolz auf meine Erektionen und fühlte lautstark, ohne jemandem gefallen zu wollen.

Ich hörte, wie der Tor mich lockte. Er steht wie ein Denkmal über der Altstadt von Glastonbury und ist meilenweit aus der Umgebung zu sehen, wie ein Ruf zu etwas Uraltem und Mysteriösem. Ich begann, die erste der sieben Stufen zu erklimmen, das Wurzelchakra. Ich sah rote Blumen, knorrige Wurzeln, tote Vorfahren und ihr Blut unter meinen Füßen, das die Erde fruchtbar machte.

Auf der zweiten Stufe sah ich die Sonne untergehen, wilde sexuelle Phantasien, den Fußfetisch aus meiner Kindheit und die Astralebenen. Ich fühlte, wie die Haut meines Körpers warm und sinnlich wurde und zu schwitzen begann. Ich gab der zweiten Stufe die Tonscherben in meiner Tasche zum Geschenk.

Auf der dritten Stufe sah ich Bilder von Samurai-Kriegern, Soldaten des Rama-Königreichs und alle Treuebrüche, Tode und Trennungen der Vergangenheit. Ich sagte immer wieder: »Nein, ich will noch nicht sterben!« Ich war Zeuge, wie ich meine Macht in anderen Leben mißbraucht hatte, wie selbstgefällig ich war und wie ich meine Seele in Eitelkeit und Habgier verloren hatte. Ich wollte und erwartete immer mehr, weil ich keine Liebe hatte.

Schwindelgefühle überkamen mich. Ich sah nach unten, als ob ich in einen Abgrund blickte. Ich wollte springen, wollte mich über die Kante stürzen und in Selbstmitleid zerfließen. Sofort bekam ich Angst vor dem Fallen und davor, aufgeblasen zu werden und zu hoch hinaufzusteigen. Ich wußte nicht, ob ich den Dingen, die ich sah, entgegentreten konnte. Ich war nahe daran, aufzugeben, atmete unregelmäßig und wußte, daß ich über die Kluft springen mußte.

Ich fand die Treppe auf der anderen Seite des Hügels und sah, wie Pilger und Kinder mühelos zum Gipfel des Tor hinaufstiegen. Ich kämpfte neben ihnen um mein Leben. Die Elementarwesen der Luft spürten meine Angst und mein Unbehagen und bliesen grimmig immer stärkeren Wind in mein Gesicht. Direkt neben mir war es vollkommen windstill, aber ich konnte mich kaum halten. Meine Füße begannen, sich vom Boden zu lösen, und ich spürte, wie ich zur Seite geschleudert wurde.

Ich grub meine Hände in den Schlamm, arbeitete meine Finger in den Boden und suchte nach Wurzeln, nach irgend etwas, woran ich mich festhalten konnte. Ich griff blindlings keuchend und weinend nach der Treppe ... und gab auf. Ich hatte in meiner Suche versagt. Ich konnte die vierte Stufe des Herzens nicht erreichen. Ich kehrte um und ging die Treppe hinunter. Der Wind hörte auf. Ich ging zu dem Schamanen.

»Auf dem Tor ist ein gefährlicher Geist in deinen Körper eingedrungen«, sagte er. »Du solltest dich lieber schützen. Diese Wesenheiten springen den Leuten auf den Rücken und verbinden sich mit ihrem Solarplexus wie Parasiten. Sie sind ein gefährlicher Haufen. Du mußt wissen, daß der Tor ein Schlachtfeld für die Kräfte des Lichts und der Finsternis ist, eine Art Armageddon. Wenn Menschen naiv oder unbewußt sind, können die astralen Elementarwesen das ausnutzen und von ihrer psychischen Energie leben, um unsterblich zu bleiben. Auf dem Tor mußt du klug urteilen und deine Gedanken gut beobachten, weil sie dort verstärkt werden. Die Vergangenheit ist vorbei. Laß die emotionale Ladung in deinen Gefühlen los.«

Der Schamane erzählte mir außerdem von den Elohim, den »Schöpfergöttern«, die eine zentrale Spirale in Glastonbury gebaut hatten, um astrale Energie zu erzeugen. Er erklärte, daß der Mensch die Astralebenen meistern lernen muß, indem er Gefühle mit Herz und Verstand ins Gleichgewicht bringt.

»Deshalb besteht dein Körper aus soviel Wasser«, sagte er, »damit du das astrale Element kennenlernen und meistern kannst. Eines Tages werden sich die Elementarwesen um die Macht auf der Erde bemühen, aber die unsichtbaren Lehrer, die Elohim, werden zurückkehren und auf sie vorbereitet sein. Du mußt verstehen, daß du, obwohl du dich bereits entschieden hast, für das Licht zu arbeiten, trotzdem ein Krieger des Gleichgewichts zwischen Licht und Finsternis bist. Die Elementarwesen sind Vampire, wie Fernsehprediger und andere Menschen, die die Energie der Massen bei religiösen Erweckungsveranstaltungen und Rockkonzerten aufsaugen. Sie tun dies überall dort, wo Menschen freiwillig ihre Macht aufgeben. Viele falsche Gurus und Prediger von Hölle und Schwefel sind Meister der Täuschung. Sie glauben, daß sie Christus dienen, während sie in Wirklichkeit den Meistern der Finsternis gehorchen. Sie sprechen von Satan, aber sie haben ihre Seelen bereits verkauft. Sie sind Wölfe im Schafspelz.«

Ich hörte ihm zu und wußte nicht, was ich glauben

sollte. Er exorzierte das Elementarwesen aus meinem Körper, und ich fühlte mich erschöpft. »Lerne, kritisch zu urteilen, Foster«, warnte er mich. »Nicht jeder ist das, was du zu sehen glaubst.«

Nach dieser Erfahrung begann ich, Elementarwesen auf dem Rücken anderer Menschen zu sehen. Ich sah Heiler, die Elementarwesen erschuf und auf astrale Weise die Macht der Menschen stahlen und sie emotional auslaugten. Ich sah naive, spätberufene Christen, die ihre Körper verlassen hatten, weil sie glaubten, daß der Körper sündhaft und mit Christus im Himmel sein wollte. Auf diese Weise gaben sie ihre Macht an Prediger und Pastoren ab, die von fremden Mächten geleitet wurden. Ich traf Menschen, die trügerische Visionen von mächtigen Elementarwesen hatten, die als Meister auftraten. Über anderen Leuten schwebten dämonische Gedankenformen von Elementarwesen wie Fledermäuse in der Luft. Ich entschied mich dafür, ihnen keine Macht zu geben. Ich wußte, wer ich war, und das war mein bester Schutz. Ich konnte unschuldig, jedoch nicht naiv bleiben.

Während unseres Aufenthalts begannen Carmens eigene Erinnerungen aufzusteigen. Sie sah sich selbst als eine Hexe, die von einem örtlichen Priester gefoltert und auf dem Scheiterhaufen verbrannt worden war. Sie mußte diese Erinnerungen aus ihrem Körper an genau der Stelle lösen, wo die Ereignisse geschehen waren. Ich bat sie um eine Landkarte und stimmte mich darauf ein. Meine Finger zeigten auf Tewkesbury Abbey.

Während wir uns der Kirche näherten, begann Carmen zu schwitzen. Sie erlebte noch einmal, wie der Priester seine Gefühle für sie unterdrückt hatte. Er hatte seine Schuldgefühle wegen seiner Anziehung zu ihr auf sie projiziert und ihr vorgeworfen, ihn verhext zu haben. Dann hatte er rücksichtslos versucht, in Carmen zu zerstören, was er bei sich selbst nicht akzeptieren konnte. Zuerst hatte er anderen erlaubt, sie brutal zu vergewaltigen, um ihre »Zaubersprüche« zu brechen, dann wurde sie vor Gericht gestellt und verbrannt.

In jenem Leben war Carmen eine Frau gewesen, die Katzen liebte und Kräuter sammelte, um die Leute aus der Stadt zu heilen. Sie hatte in der Umgebung als Hebamme gearbeitet und gehörte einem Zirkel weiser alter Frauen und einiger Männer aus den benachbarten Dörfern an, die das alte Wissen lebendig erhielten. Sie hatte die Beltane- und Lammas-Feste geliebt und Puppen aus Maishülsen gefertigt. Sie hatte für Bridget, die keltische Göttin der Poesie und Kultur, Ceridwen, die keltische Göttin der Inspiration, Taliesin, den Zauberer Merlin und die keltischen gehörnten Göttinnen der Fruchtbarkeit, Stärke und Kriegerschaft Göttinnenstatuen aus Stein gehauen. Sie hatte gelegentlich mit einem Spielmann, Barden oder Dichter geschlafen und ab und zu ein Bier im Wirthaus des Ortes getrunken.

Nachdem eine Kirche in der Nähe erbaut worden war, hatte Carmen ihre Arzneien und Tränke heimlich zubereitet. Es kamen immer noch Frauen zu ihr, um fruchtbar zu werden oder um Hilfe für ihre kranken Kinder zu erbitten, aber Carmens Arbeit wurde zunehmend gefährlicher. Der Priester hatte Gefallen an ihr gefunden und fürchtete sich vor ihrem Willen und ihrem Körper – ihrer »Magie«.

Er hatte Katzen mit Hexerei gleichgesetzt und erklärt, daß seine Religion der einzige wahre Glaube sei. Er hatte ihre heiligen Haine zerstört und an ihrer Stelle Kirchen und Denkmäler für christliche Heilige erbaut. Carmen erlebte alle diese Erinnerungen, während wir in der Abtei waren. Dann erblickte sie vom Dach der Abtei in der Entfernung etwas, was sie faszinierte und erfreute. Sie stieg ins Auto, folgte ihrem reinen Gefühl und ihrer Intuition und fuhr uns zu einer Reihe von Hügeln mitten in der Landschaft. Als wir dort angekommen waren, sprang sie aus dem Wagen und rannte davon.

Wir fanden sie später in einem kleinen, versteckten Tal. Steine türmten sich hoch an einer Stelle auf, wo ein altes Haus gestanden hatte. Dies war im fünfzehnten Jahrhundert ihr Zuhause gewesen. In der Ruine lagen ihre Göttinnenfiguren aus Stein, von der Zeit unberührt und in alle Richtungen verstreut. Sie weinte vor Freude darüber, so viele Talismane gefunden zu haben, die nur darauf gewartet hatten, daß sie kam und sich wieder an ihnen erfreute.

Carmen hielt uns beide im Arm und steckte uns Talismane in die Taschen und ermutigte uns, noch mehr mitzunehmen und zu verschenken, damit das alte Wissen nie aussterben würde. Dann hielt sie einen großen Stein an ihre Brust, als ob eine Mutter ein Kind halten würde, und blies in ein Loch im Innern des Steins. Der Klang der Erde ertönte – tief, lebendig, lebensschwanger.

In diesem Leben lebte Carmen wieder in Glastonbury und war eine Hebamme, die Kräuter sammelte. Sie hatte ihr Geschäft und einen weisen, liebevollen Zauberer zum Mann. Sie war für unsere Unterstützung und Hilfe sehr dankbar. Bei unserer Rückkehr in ihr Zuhause des zwanzigsten Jahrhunderts bereiteten wir ein Festmahl zu, sahen Filme an und sangen bis spät in die Nacht. Am letzten Tag meines zauberhaften Aufenthalts in Glastonbury wanderte ich zum Wearyall Hill. Man sagt, daß Joseph von Arimathea, ein enger

Freund Christi, den Kelch des letzten Abendmahls nach Glastonbury brachte und auf dem Wearyall Hill vergrub. Vermutlich enthielt der Kelch das getrocknete Blut Christi, das für die Fruchtbarkeit des Landes vergossen worden war. Joseph hatte seinen Stab oben auf dem Wearyall Hill in den Boden gesteckt, und ein Dornenbaum entsprang daraus. Dieser Baum steht immer noch oben auf dem Hügel und blüht jedes Jahr zu Weihnachten. Die englische Königsfamilie schneidet jedes Jahr ein Stück von einem Ast für ihren Weihnachtstisch ab. Ich fühlte mich in der Nähe dieses vollständig verwurzelten Baums Christi in dem Verschmelzen mit Alt und Neu sehr friedlich.

Ich war nach Glastonbury gekommen, um den Kelch meiner eigenen Seele zu suchen, meinen eigenen Gral, und Einblick in diese vielen Ereignisse zu erhalten: zuerst die Chalice Well der Göttin, die Vereinigung der Gegensätze, und jetzt der Gralshügel von Wearyall Hill, wo der Kelch vergraben ist. Ich konnte den heiligen Behälter in meinem eigenen Körper spüren.

Die Inkarnation auf der Erde ist, als ob wir das Kreuz unseres eigenen Fleischs und Bluts trügen. Unsere Geister werden dem materiellen Universum geopfert und erfahren Schmerz und Leid als eine Form der Verbindung mit allen Menschen. Durch das Absolvieren schwieriger Lektionen auf der Erde lernen wir, mit der ganzen Schöpfung vertraut zu werden.

Joseph hatte den Kelch nach Glastonbury gebracht, um eine Brücke zwischen den alten und den neuen Weisen zu bauen, und sowohl den Christus als auch die Göttin zu ehren. Das Weibliche würde als Gott inkarnieren, und Glastonbury war ein Zentrum für diesen Geburtsvorgang.

Ich mußte nur Herne, den gehörnten Gott, finden,

und seine Partnerin Hathor Maat, die gehörnte Göttin, die erdige, schöne, weibliche Seele in mir selbst.

Wie in den Gralmysterien von Arthur wurden das Land und ich eins. Das ist es, was ich in meinem Körper widerhallen spürte. Wem dient der Gral? Dem Gott in uns, der bewußt wird, der Brücke zwischen Licht und Finsternis, der endgültigen Heilung und der Aufhebung der Polarität auf dem Tor. Wir müssen uns alle selbst durch die dunklen Welten jagen.

»In einer dunklen Zeit beginnen die Augen zu sehen«, schrieb Theodore Roethke. Die Tibeter hatten mir immer gesagt, daß das zwanzigste Jahrhundert eine dunkle Zeit sei, eine Zeit des Verlusts des Dharma, der Lehre. Die Ostinder sprechen von dem großen Zyklus des Kali Yuga, einer Zeit der Polarität auf der Erde, und dem Verlust des Wissens der goldenen und silbernen Zeitalter, die zuvor gekommen waren. Für mich war es ein Erwachen, ich fand das Neue Jerusalem in mir.

Ich ging zum Tor, um meinen Frieden zu schließen. Ich stieg die vierte Stufe hinauf, und mein Herz öffnete sich, und ich fühlte den Kelch Christi. Ich ging zur fünften Stufe und hörte Musik, Glocken, Tanzen und Feiern. Die Elfen wollten definitiv, daß ich in diesem Leben freudvoll kommunizierte. Ich fühlte, wie sich meine Kehle weit öffnete. Die sechste Stufe war intensiv und voller Visionen. Ich fühlte, wie sich mein drittes Auge stark fokussierte. Ich war entschlossen, mein Leben vollkommen und mitfühlend zu leben und meinem Glück nichts im Wege stehen zu lassen. Ich wollte mich beständig ändern, wenn es sein mußte, und in meiner Reife und meiner Achtung für alles Leben wachsen.

Oben auf dem Tor war es friedvoll und heiter. Vor

mir standen die Ruinen einer Kirche, die dem Erzengel Michael gewidmet war. Ich mußte mein Schwert diesmal für ein kluges Urteil und nicht für Krieg oder Selbstkritik einsetzen. Ich fühlte mich von Michaels Liebe umgeben. Er war mein männlicher Führer, mein Schwert des Männlichen, die Meisterschaft des Verstands, der Lancelot der christlichen Welt gewesen. Er schützte jene, die den Gipfel des Berges erreichten. Ich konnte von hier in alle Richtungen sehen und gehen, wohin ich wollte.

Überall auf dem Tor lagen Kristalle, Steine und Stoffstücke, die von Pilgern als Dankesopfer an die Erde vergraben worden waren. Wir waren alle von weit her gekommen, um den Zauber des Landes wieder kennenzulernen. Ich fühlte die Gegenwart der alten Kelten, die zu mir kamen, um meine Hand zu halten. Sie spukten an diesem Ort und hatten mich dazu gebracht, meine Seele hierher zu bringen. Ich fühlte das Avalon in mir und schwor ihnen, ohne Gewalt und Kompromisse einen Himmel auf Erden zu schaffen.

Ich hatte auf diesem Gipfel gelernt, Geistesfrieden zu schätzen. Ich glitt in die Traumzeit hinüber. Ich wurde von der Mutter gehalten, und fühlte, wie sie im Wind sagte: »Laß jetzt hinter dir, was du weißt. Häute dich, und geh nach Santa Fe.«

Sechs

Die Schamanen von Santa Fe

Ich träumte, daß Santa Fe in der Zukunft ein Kommunikationszentrum sein würde, das Künstler in die Wüste brachte und ihnen half, sich vom Kunstmarkt der Städte zu erholen. Diese Kleinstadt mit fünfzigtausend Menschen würde schließlich zu einer Großstadt werden. Tausende Menschen würden hierherziehen, um die Küsten aufgrund von Gewalttätigkeit, Erdbeben, Bränden und steigendem Grundwasserspiegel hinter sich zu lassen. Durch seine Mischung aus Indianern, Menschen lateinamerikanischer Abstammung und angloamerikanischer Kulturen und einem Zustrom kreativer Menschen würde Santa Fe zu einem großen Heilzentrum werden. Wenn ich meine Augen schloß, konnte ich sehen, daß alle Leylinien meines sich entfaltenden Schicksals nach Santa Fe führten.

An dem Tag, an dem Georgia O'Keeffe starb, verließen wir mit weiteren fünf Personen in einem Auto und einem Kleinbus New York. Ich wollte Georgia O'Keeffes Haus und die Mesas sehen, auf denen sie gewandert war und ihre Inspiration gefunden hatte. Ich träumte immer wieder von einer schwarzen Schlange, die auf ihrem Bett lag, und von Kolibris in ihrem Garten, die alle versuchten, mir etwas über visionäre Kunst zu sagen. Später erfuhr ich, daß es prophetische Träume gewesen waren.

Jede Person in diesen beiden Fahrzeugen hatte sich entweder von einem Gemälde von Georgia O'Keeffe oder einer Fotografie von ihr angezogen gefühlt. Die den sieben Menschen waren Tani, ich, eine Schauspielerin, ein Filmemacher, der in Deutschland gearbeitet hatte, eine Frau, die Leiterin eines Unternehmens war, ihr Exfreund und die neue Freundin ihres Exfreunds aus Deutschland, die ihn finanziell unterstützte. Die letzten beiden wollten zu einem Sufi-Camp in den Hügeln außerhalb von Santa Fe. Die Schauspielerin war ein Seifenopernstar. Die Leute redeten sie ständig an, und sie errötete, wenn sie mit ihrem Fernsehnamen angesprochen wurde.

Ich wußte, daß dies eine wilde Fahrt werden würde. Nach nur einigen Stunden versagte die Lenkung des Kleinbusses, und der Filmemacher kaufte einen neuen Kleinbus. Alle hatten *The right use of will*[8] gelesen, ein Buch von Ceanne de Rohan, das sie in Santa Fe geschrieben hatte. Dementsprechend waren die Hauptthemen der Reise Gespräche über die Verleugnung des Willens und der Emotionen sowie die Unterdrückung und das Loslassen aufgestauter Gefühle.

Ich vermißte Rianna, aber ich wußte, daß sie sich letztlich auch dem Exodus aus den Großstädten in das Four-Corner-Gebiet[9] anschließen würde. Ich hatte das Gefühl, daß wir alle zum Herzen der Taube, zu dem Herzzentrum auf dieser Seite des Planeten reisten. Als wir den neuen Kleinbus kauften, schien es uns, als hätten wir alle etwas aus unserer kollektiven Vergangenheit losgelassen und seien nun für neue »Vehikel« bereit.

Tani und ich hatten vor unserer Abreise in New

[8]Anm. d. Ü.: Engl.: Der richtige Einsatz des Willens

[9]Anm. d. Ü.: Region im Südwesten der USA, wo die vier Bundesstaaten Arizona, Colorado, New Mexico und Utah aufeinandertreffen

York bei Vorträgen riesige Menschenmengen angezogen. Fünfhundert Menschen waren gekommen, um sich von uns in einem Penthouse in der Fifty-Seventh Street zu verabschieden. Alle Anwesenden auf der Party hatten in einen Chorgesang eingestimmt und Harmonien gesungen, die uns alle in einen erhöhten Bewußtseinszustand brachten. Ich hatte eine Botschaft von den Plejaden über Regenbogenstämme, eingeborene Völker und ihr Recht auf ihr Stammesland sowie eine spätere Wanderung bis zu den pazifischen Inseln zur Gründung experimenteller Gemeinschaften unter der Führung indianischer Ältester gechannelt.

Die ersten Tagen des Channelns waren von ungewöhnlichen Erlebnissen erfüllt gewesen. Meine Stimme hatte begonnen, in Echos zu erklingen, Dialekte zu wechseln und fremde Sprachen zu benutzen, die ich nicht verstand. Ein Freund levitierte Gegenstände vor meinen Augen. Die Gesetze von Zeit und Raum änderten sich, aber ich wollte Wurzeln, Erdung und Authentizität, deshalb hatte ich mich auf den Weg in die Wüste gemacht und blickte nicht zurück.

Auf unserer Fahrt wurde die emotionale Verarbeitung unserer verdrängten Gefühle und Erlebnisse zu einer rund um die Uhr andauernden Aufgabe: auf Parkplätzen, an Schnellstraßen, in Hotelhallen – wo immer sie auftauchten. Sexueller Mißbrauch, Inzest, körperliche Mißhandlung, das Blut unserer Vorfahren und Machtmißbrauch in vergangenen Leben stiegen wie Orkane an die Oberfläche. Die Männer verbündeten sich untereinander, und die Frauen gingen zusammen davon, nur um später wütend oder mit verweinten Augen wiederzukommen.

An einem Abend in Crystal Springs, Arkansas, inszenierten die Frauen und ich eine Erinnerung an ein vergangenes Leben. Sie erinnerten sich daran, wie sie im Mittleren Osten alle als Frauen in einem Harem gewesen waren, mir sinnliche Mahlzeiten serviert und meine geringsten Wünsche erfüllt hatten. Wir explodierten vor Lachen und starken Gefühlen, als wir dieses und andere Leben als Schauspiel aufführten. Wir alle erkannten, daß das Leben selbst ein Theaterstück ist und daß alle von uns viele Rollen spielen. Wir lernten, uns mit keiner Rolle zu identifizieren, damit wir frei sein konnten. Indem wir unsere Leben gemeinsam, bewußt und ohne Anhaften ausagierten, konnten wir neue Rollen erschaffen, die dem jeweiligen Moment entsprachen.

Ein Jahr zuvor wollte ich erfahren, wie es ist, lebendig in der Erde begraben zu werden, und alle Ängste vor dem Tod oder Klaustrophobie loszulassen. Ich legte mich in eine Kiste, die mir Freunde gebaut hatten. Sie schütteten lockere Erde über die Kiste, und ich wurde für eine Nacht in der Erde begraben. Ich hatte mir selbst beigebracht, meinen Atem zu verlangsamen und nicht in Panik auszubrechen.

Das Unterirdische war eine tiefe Dunkelheit. Ich fühlte die Leere des Unbekannten, und meine Ängste traten an die Oberfläche. Ich stellte mir ständig vor, daß Käfer und Skorpione in meinen Sarg kriechen würden. Ich untersuchte jeden negativen Gedanken, atmete langsam, löste meinen Verstand von traumatischen Erfahrungen. Einer meiner Freunde hielt Nachtwache bei meinem Grab und horchte auf mein Klopfen für den Fall, daß ich herauskommen wollte.

In dieser Nacht hatte ich Träume von begrabenen Pharaonen, göttlichen Königen, die für die Fruchtbarkeit des Landes geopfert wurden, und von Menschen, die mich folterten, indem sie mich bei lebendigem Leibe begruben. Ich sah auch Bilder von wütenden Tieren,

Bilder meiner eigenen Aggression. Ich erinnerte mich ständig daran, daß dies Phantombilder waren, die mein Verstand erschuf. Jenseits des Verstands gibt es einen Zustand der Seligkeit, der frei von diesen Ängsten und Scheusalen ist. Ich schlief in dem beengten Raum und wachte plötzlich von meinen Schreien »Joseph! Joseph!« auf.

Ich hatte von einem Mann namens Joseph geträumt, den ich mit einer Geschichte aus der Bibel in Zusammenhang brachte. Joseph wurde von seinen Brüdern aus Neid in die Sklaverei verkauft. Später begann er im Gefängnis zu träumen und interpretierte die Träume der Mitgefangenen. Als der Pharao dies hörte, ließ er ihn holen. Nachdem Joseph die Bedeutung eines Traums des Pharaos entschlüsselt hatte, wurde er aus dem Gefängnis freigelassen. Bald darauf kamen seine Brüder nach Ägypten, und Joseph verzieh ihnen und kehrte zurück, um seinen Vater zu sehen.

Auf unserer Fahrt erinnerte ich mich an diesen Traum. Ich fühlte, daß er mir sagte, daß ich meine maskuline Seite heilen, mein gebrochenes Herz fühlen und mich für seine Geschenke öffnen sollte. Wenn Joseph nicht in die Sklaverei verkauft worden und betrogen worden wäre, hätte er niemals seine Talente erkannt. Ich hatte als Vorbereitung dafür, ein Heiler zu werden, in meinem Leben großen Schmerz erlebt. Nach dieser Erfahrung sehnte ich mich danach, eine neue Verbindung zu meinem Vater aufzubauen.

Unsere Siebenergruppe hielt erschöpft von der ständigen emotionalen Arbeit auf einem Campingplatz in Texas an. Wir bauten unsere Zelte auf einer sehr ungeschützten Klippe auf, von der aus wir einen See überblicken konnten. Anschließend wollten alle unser Camp verlassen und im See schwimmen. Meine Intuition sagte mir: »Nein. Ich gehe nicht. Ich spüre eine Gefahr.« Alle ignorierten mich und sagten, daß vermutlich etwas passieren würde, wenn ich es mir in den Kopf gesetzt hätte.

Ich hatte häufig in die Zukunft geblickt und Ereignisse zwei bis drei Tage im voraus genau gesehen. Visionen und Intuitionen, die über mehr als drei Tage in die Zukunft reichten, waren üblicherweise eher wahrscheinlich als sicher. Alles was ich vorhersagen konnte, waren Zyklen: Drei Zyklen konnten drei Tage, drei Monate oder drei Jahre in der Zukunft bedeuten, es hing davon ab, wie mein Bewußtsein sich wandelte. Ich fühlte, daß mein Schatten in der Gegenwart der Gruppe aktiviert worden war und mich jetzt verfolgte, um meiner Seele eine Lehre zu erteilen.

Ich hatte recht. Nachdem alle zum Schwimmen gegangen waren, kamen acht schwarze Männer in einem weißen Kabriolett in unser Camp gefahren. Intuitiv stellte ich mich auf das Dach unseres blausilbernen Kleinbusses und starrte die Männer an, während sie sich näherten. Sie stiegen aus ihrem Auto, starrten schweigend zurück und senkten ihre Köpfe. Ich las ihre Gedanken und verband mich selbst mit der Erde, während ich meine Stellung hielt.

Die Männer durchsuchten unsere Taschen, öffneten unsere Zelte und berührten die Steinkreise und Kristalle, die wir vor unserer Campstelle ausgelegt hatten. Sie fühlten sich verwirrt, während sie in meine unbeweglichen Augen blickten. Ich hatte in Träumen gelernt, meinen Gegnern in die Augen zu blicken und weder zu kämpfen noch aufzugeben, sondern einfach standzuhalten.

Die acht Männer hatten getrunken und uns aus der Ferne beobachtet. Sie fanden nur mich vor, und ich erwartete sie stoisch. Sie starrten mir lange in die Augen, gingen dann zu ihrem Wagen zurück und fuhren friedlich davon.

Das war meine erste Prüfung durch meinen Schatten. Der Schatten ist nicht immer negativ. Manchmal kann er eine Quelle eines großen ungenutzten Potentials, sogar eines Genies sein. In diesem Fall jedoch war der Schatten das abgespaltene Männliche, der Soziopath, der in seiner ziellosen Rebellion bereit ist, allem Gewalt anzutun. Eine weitere Prüfung erwartete uns alle.

Als wir New Mexico erreicht hatten, waren wir des Zeltens müde und nahmen uns Zimmer im Sheraton Hotel in Albuquerque. Es war mein Geburtstag, der 11. Juli, und wir hatten eine lange Fahrt hinter uns. Wir alle gingen zum Essen aus, mit Ausnahme der Unternehmensdirektorin. Während des Zweiten Weltkriegs war der Vater dieser Frau ein Wissenschaftler im Los Alamos National Laboratory gewesen und hatte am Bau der ersten Atombombe mitgearbeitet. Als Erwachsene hatte die Frau einen schweren Autounfall gehabt und dabei ihren Körper verlassen. Während ihrer Nahtoderfahrung hatte sie großgewachsene Wesen vom Planeten Sirius getroffen, die ihr gesagt hatten, daß es zum Sterben zu früh sei. Sie war in ihren Körper zurückgekehrt, und die Wesen von Sirius hatten sie getröstet. Dies war der Anfang ihres spirituellen Erwachens gewesen.

An diesem Abend wollte sie jedoch nicht mit unserer Gruppe zusammensein. Sie isolierte sich, weil sie tiefen Schmerz und Wut über das Patriarchat und autoritäre Strukturen im allgemeinen spürte. Dies war die gleiche Energie, die die Männer in unser Camp in Texas gelockt hatte.

Beim Abendessen versetzte sich Tani zu Ehren meines Geburtstages in Trance und las laut in den Aufzeichnungen meiner Seele. Sie las die Akasha-Aufzeichnungen laut vor, während wir aßen und tranken. Ich fühlte mich unbehaglich und fürchtete, daß etwas passieren würde, ignorierte jedoch das Gefühl.

Inzwischen ging unsere Freundin, die Unternehmensberaterin, allein durch die Straßen der Altstadt von Albuquerque. Plötzlich griff ein Mann sie von hinten an und versuchte, sie zu vergewaltigen. Er schlug ihr ins Gesicht, bis sie grün und blau war. Um Mitternacht rief sie uns aus dem Krankenhaus an. Ihr Gesicht war vom Weinen und von den Schlägen dick angeschwollen.

Unsere Freundin wollte nach Santa Fe fahren, um sich zu erholen. Sie wollte ihre Tante und einen Exfreund namens Damien besuchen, der sich jetzt selbst als Schamane bezeichnete. Wir waren alle emotional mitgenommen und wollten für sie sorgen, deshalb stimmten wir zu.

Als wir in Damiens Haus abseits der Canyon Road ankamen, informierten wir ihn über den Zustand unserer Freundin. Er und seine Partnerin, eine Frau namens Leah, die sich selbst ebenfalls als Schamanin bezeichnete, begrüßten uns höflich. Sie holten unsere Freundin ins Haus und wiesen uns an, draußen zu bleiben.

Später hörten wir durchdringende Schreie durch die Fenster kommen. Unsere Freundin durchlebte in ihrer Wut auf Männer das Trauma der vergangenen Nacht noch einmal. Später kamen die Schamanen heraus und sagten uns, daß sie seit vielen Tagen auf unsere Ankunft gewartet hätten. Es war an der Zeit, das »verwundete Männliche in allen von uns zu heilen«, sagten sie.

Ich vertraute diesen sogenannten Schamanen niemals vollkommen. Ich fand ihr Verhalten geheimnistuerisch und anmaßend. Auf der anderen Seite fragte ich mich, was es für eine bessere Art geben könnte, den Schatten zu konfrontieren? Ich schloß, daß es hier eine Gelegenheit gab, meinen Ängsten sowohl vor Schamanismus als auch vor Macht ins Auge zu blicken.

Ich willigte ein, an einem sieben Tage dauernden Kurs mit Damien und Leah als meinen Lehrern teilzunehmen, aus dem schließlich sechs Monate schamanische Ausbildung wurden. An dem Kurs nahmen sieben Personen, einschließlich meiner und vier anderer aus der ursprünglichen Gruppe, teil. Er beinhaltete sieben Tage Vipassana-Meditation mit zwei Mahlzeiten pro Tag und verbalen Anweisungen und Körperübungen an den letzten drei Tagen.

Während des Kurses saßen wir alle und meditierten und identifizierten unsere Gedanken, indem wir schweigend wiederholten »Denken ... Denken ... Denken.« Emotionen wurden durch das Wiederholen von »Fühlen ... Fühlen ... Fühlen« zur Kenntnis genommen. Geräusche wurden als »Geräusch ... Geräusch ... Geräusch« identifiziert. Es waren Zeitpläne angeschlagen, auf denen die verschiedenen Zeiten für Meditation im Sitzen, im Gehen und für die Mahlzeiten bekanntgegeben wurden. Die Gehmeditationen gingen sehr, sehr langsam vor sich. Ihr Zweck bestand darin, jede Bewegung und jeden Muskel zu fühlen. Manchmal dauerte es eine ganze Stunde, vier Schritte zu tun!

Während der sieben Tage wurden wir beständig angehalten, Wasser zu sparen. Wir nahmen zeitlich begrenzte 3-Minuten-Bäder und ließen das Wasser nicht laufen, während wir uns die Zähne putzten. Dies wurde als »Achtsamkeit« bezeichnet, und wir wurden ständig überwacht. Während wir meditierten, lasen Damien und Leah Passagen aus Büchern wie *Ein Kurs in Wundern* (von der Foundation for Inner Peace) oder *Autobiographie eines Yogi* von Paramahansa Yogananda vor. Einige der schönsten Sonette, Tagebuchzitate und Liedstücke verschmolzen mit der Stille.

Am fünften Tag fühlte ich, daß mein Körper vollständig von den negativen Auswirkungen unserer Fahrt quer durch das Land gereinigt war. Meine Muskeln entspannten sich, und ich spürte, wie mein Rückgrat wieder vor Kundalini-Energie klang und brummte. Ich begann, in meinen Zellen Ekstase zu spüren. Speisen hatten noch nie so gut geschmeckt. Am sechsten Tag fütterten wir uns gegenseitig mit Löffeln, versuchten unser Lachen zu unterdrücken, stopften uns gegenseitig die Münder voll und kleckerten mit unserem Essen. Wir waren angewiesen worden, fünf Tage lang nicht zu sprechen und niemandem in die Augen zu sehen, und benötigend dringend eine Erholungspause.

Die Schamanen riefen uns abwechselnd in ihr Zimmer und wiesen uns an, vor ihnen hin- und herzugehen. Sie betrachteten uns schweigend und sagten dann Dinge wie: »Du bist ein Panther. Du gehst wie ein Panther, der seiner Beute auflauert.« Sie kommentierten unsere Fortschritte und fragten uns, ob wir etwas bräuchten.

Die Schamanen hatten ihre eigene Art der tiefen Bindegewebsmassage entwickelt, die mich vor Schmerz aus voller Lunge aufschreien ließ. Sie sagten jedoch, ich solle mich »durch den Schmerz« auf die andere Seite atmen. Als ich mich während einer Sitzung ihren Händen überließ, fühlte ich, wie der Schmerz in meinem Bauch und in meinen Beinen herausschoß und eine Welle aus Euphorie die empfindlichen Stellen einhüllte.

Damien und Leah hielten auch Vorträge darüber, wie wir unsere »Montagepunkte« oder »Visionspunkte«, die Fokuspunkte unserer feinstofflichen Körper, verschieben konnten. Sie versetzten uns knallende Schläge am untere Ende der Wirbelsäulen und drückten auf diese Punkte, um neue Bewußtseinsfasern in unseren Körpern zu aktivieren. Sie erklärten uns, daß der Montagepunkt mitten im Körper liegt und Zugang zu jeder Dimension hat. Sie wiesen uns an, unsere ganze Aufmerksamkeit auf den Montagepunkt zu richten, dorthin zu atmen und von dort aus zu leben.

Mein Montagepunkt befand sich zwischen meinen Hoden und meinem After. Jeder hatte seine Montagepunkte an einer anderen Stelle. Meiner befand sich an der gleichen Stelle wie Damiens. Ich spürte eine starke Verwandtschaft mit ihm, die paradoxerweise zugleich Anziehung und Abstoßung zu sein schien.

Nachdem ich soviel Zeit in meinem Kopf und meinem dritten Auge verbracht hatte, fiel es mir schwer, tief zu atmen. Ich brauchte meine ganze Stärke, um in meinem Montagepunkt zu bleiben. Die Schamanen nahmen mich häufig zur Seite und sagten: »Du bist nicht in deinem Montagepunkt. Spür den Unterschied. Geh wieder dorthin zurück.« Ich mußte lernen, mein Gewicht auf meinem Kreuzbein ruhen und meine Schultern sinken zu lassen. Ich stellte mir eine Öffnung zwischen meinen Beinen vor, die ein starkes Licht ausstrahlte. Ich lernte, mich aus dem Montagepunkt heraus mit geschlossenen Augen durch den Raum zu bewegen und kinästhetisch durch die Poren meiner Haut zu »sehen«.

Die Schamanen verwendeten Diagramme der Chakras und erklärten ihre wechselseitigen Beziehungen zueinander in kurzen Vorträgen. Schließlich führten sie uns als Höhepunkt der sieben Tage auf eine Meditation durch das Sonnensystem. Am Abend unserer Meditationsreise kamen weitere Leute hinzu, die auch daran teilnehmen wollten, und wir wurden angewiesen, still und in unseren Montagepunkten geerdet zu bleiben, ohne aufzublicken.

Die Lichter gingen aus, und Damien begann mit Hilfe von Meditationsmusik von Kitaro eine Reise durch unser Sternensystem. Ich freute mich so sehr auf die Meditationsreise, daß mein Montagepunkt ruckartig aus seiner Position sprang, und der ganze Raum begann, sich um mich zu drehen. Ich glaubte, mich übergeben zu müssen, konnte mich jedoch an der Musik und der Stimme des Schamanen halten und es verhindern.

Jetzt verschob sich mein Montagepunkt, der Fokus aller meiner Anstrengungen, zwischen den Welten im Gleichgewicht zu bleiben, zu meinem Herzen. Ich hörte klingende Geräusche. Farben explodierten. Aus meinem Solarplexus traten Fasern aus. Ich wollte mich über diese Fasern mit den Planeten verbinden. Ich stellte mir vor, wie sie sich zur Sonne, zum Jupiter, zum Mittelpunkt der Erde bewegten. Dann verlor ich das Bewußtsein. Ich fühlte mich als Lichtkugel, die ohne Erdung durch die Galaxie raste.

Der Schweiß tropfte mir herunter, während ich ein spontanes Geburtserlebnis hatte. Die anderen ignorierten meine Verrenkungen. Sie waren von ihren eigenen Erfahrungen hingerissen. Ich sah, daß die Seele ein Ei, und daß mein Körper im Innern der Seele enthalten war. Während ich die Fasern hin und her bewegte, konnte ich mit Vögeln, Pflanzen und anderen Wesen im Einklang sein, indem ich meine Fasern durch einfache Willenskraft zu beinahe jedem Wesen schicken konnte.

Ich verließ meinen Körper und den Raum und begann, wie ein Kokon aus Licht zu flirren. Ich als Lichtwesen hatte eine unsichtbare Form, aber ich konnte alles sehen: Die Menschen, die nachts durch die Canyon Road gingen, Fäden, die von den einige Meilen entfernten Sonnen- und Mondbergen ausgingen, und Pflanzen, die von einem seltsamem Leuchten umgeben waren. Ich setzte mich mit Pflanzen, Tieren, einem Fluß und dem Sonnenberg in Verbindung. Ich sandte meine Absicht aus, mit allen verschiedenen Lebensformen zu kommunizieren. Dann kehrte ich erschöpft und begeistert in meinen Körper zurück. Ich wollte weiter mit allem verschmelzen und dabei immer stärkere Fasern entwickeln.

In dieser Nacht leuchtete mein Körper strahlend, und ich träumte davon, mich in einen Jaguar zu verwandeln. Meine Jaguaraugen erhellten die Dunkelheit in einer Welt aus Fasern, Eiern und leuchtenden Kugeln. Ich erlebte meine Jaguarnatur: ein umherstreifendes schlankes schwarzes Wesen. Ich fühlte die Vereinigung von Geist und Instinkt. Ich spürte, was aus meinem Körper werden könnte. Ich wollte lernen, wie ich mich *physisch* in andere Tiere verwandeln konnte.

Am nächsten Morgen gingen wir alle schweigend in ein japanisches Thermalbad namens *Zehntausend Wellen*, wo wir eine Massage bekamen und ein heißes Bad nahmen. Wir fühlten uns alle miteinander verbunden und ruhten unsere Körper nach einer Woche intensiver Veränderung aus. Alle unsere Kleider waren gewaschen und unsere Kristalle und heiligen Gegenstände in Salzwasser gereinigt worden. Wir fühlten uns regeneriert. Ich schrieb mich zusammen mit sechs anderen, vier davon aus der vorherigen Gruppe, für einen weiteren Monat der Ausbildung ein. Der nächste Zyklus sollte in den Bergen stattfinden, in einer Höhe von 3700 Metern in einem Gletschertal.

Zur Vorbereitung nahmen Damien und Leah uns sieben zum Abiquiu-See mit. Wir entfachten dort ein Feuer und verbrannten rituell unsere alte Kleidung sowie unsere emotionalen Lasten. Wir legten alle unsere Kristalle und Edelsteine auf einen Altar am Abgrund eines schmalen Felsens. Einer nach dem anderen bewegten wir uns zentimeterweise auf den Altar zu und boten unsere liebsten Gegenstände und teuren Besitztümer dar. Als wir zurückkehrten, waren Edelsteine und Schmuck im Wert von Tausenden von Dollars verschwunden – von der Felskante hinuntergeworfen.

Danach begann ich, Mißtrauen gegenüber den Schamanen zu hegen. Ich fragte mich, was einen Menschen dazu bringen konnte, so etwas zu tun. Ich überlegte, ob ich naiv war, und beschloß, wachsam zu bleiben. Von nun an beobachtete ich sie mit Argusaugen.

Am nächsten Tag hielten wir in Española an, um Steine für eine Schwitzhütte zu sammeln. Nachdem wir eine weite Strecke in die Hügel gewandert waren, um die Steine zu finden, wiesen uns Damien und Leah an, zwei Reihen zu bilden, eine für die Frauen und eine für die Männer. Sie sagten uns dann, daß wir die Steine wie in einer Montagehallenlinie einander zuwerfen sollten. Am Ende der Übung hatte die Männerreihe viel mehr Steine gesammelt als die Frauenreihe.

Dann wollten die Schamanen, daß wir es noch einmal versuchten. Diesmal schickten sie jedoch den Frauen starke positive Energien und den Männern negative Gedanken. Die Männer ließen Steine fallen, alle Schwachstellen traten zutage, und die Männer wurden auf einmal müde. Außerdem sandten die Schamanen bestimmten Leuten negative Energie, ohne es ihnen zu sagen. Sie offenbarten ihre Gedanken oder Absichten niemals mit auch nur einem Blick oder einer Geste.

Wir beobachteten, wie verschiedene Personen plötzlich ihre Konzentration verloren. Die Schamanen lehrten uns die Macht des Verstands, Gedanken zu lenken. Schließlich hatten wir mit dieser Methode fünfzig Steine über drei Meilen transportiert, bis zurück zum Auto. Es regnete die ganze Zeit. Die Schamanen schickten uns Gedanken, daß es leichte Arbeit sei, und so war es auch.

Danach verbanden sie uns die Augen und führten uns in den Kleinbus. Sie fuhren uns zum Apache Canyon, wo zehn Meter hohe Felsen an einem Flußufer stehen. Sie stellten uns immer noch mit verbundenen Augen, in einer Reihe auf und wiesen uns an, uns an einem dünnen Seil festzuhalten. Dann kletterten wir gemeinsam über die Felsen.

Wir stolperten und stießen aneinander. Damien und Leah sagten uns, wir sollten durch unsere Körper, unsere Fasern sehen und von unseren Montagepunkten aus in die Landschaft hineinfühlen. »Seht durch eure Füße«, sagten sie. »Fühlt den Weg unter euch.«

Gerade als ich mich daran gewöhnt hatte, rutschte ich aus und fiel über die Kante einer schmalen Klippe. Ohne offensichtlichen Grund begann ich, laut zu lachen. Ich konnte nicht sehen, was passierte. Ich fühlte, wie eine Hand mein Handgelenk packte und mich nach oben zog. Wenn ich das Seil nicht rechtzeitig losgelassen hätte, wären alle mit mir in die Schlucht unter uns gestürzt. Ich wußte, daß Damien mein Leben gerettet hatte. Von da an vertraute ich ihm mehr, zumindest in körperlicher Hinsicht.

Als wir einen Wasserfall erreichten, wiesen uns die Schamanen an, die Augenbinden und alle unsere Kleider für ein Experiment abzulegen. Wir stiegen in das eiskalte Wasser und begannen sofort zu zittern. Sie sagten uns, wir sollten an »Hitze, warme Sonne, tropischen Strand« denken. Wir allen konzentrierten uns und das Wasser fühlte sich wärmer an. Tatsächlich war uns bald allen richtig heiß. Dann sollten wir an »Kälte, klirrendes Eis, arktische Stürme, Schneestürme« denken. Ich sprang plötzlich aus dem Wasser, als ich das Gefühl hatte, mein Blutkreislauf würde schwächer werden. Als wir als Gruppe gemeinsam wieder an Hitze dachten, entspannte sich mein Körper vollkommen. Ich hatte das Gefühl, die elementaren Lektionen der Herrschaft des Geistes über die Materie gelernt zu haben.

Während ich heranwuchs, arbeitete mein Vater sowohl als Hypnotiseur als auch als Neuropsychiater. Er hatte Hypnosetonbänder für die High-School-Klasse meiner Schwester aufgenommen. Ich war in meiner Familie am empfänglichsten für Hypnose und in der Lage, tiefe Trancezustände zu erreichen. Deshalb war ich sein Versuchskaninchen für eine Reihe von Tonbändern mit Hypnoseanweisungen. Tief in mir wußte ich, daß ich dies schon in Atlantis zusammen mit meinem Vater gemacht hatte und daß er gelernt hatte, wie man den Verstand über unterschwellige Botschaften kontrolliert. Programme und versteckte Botschaften waren in Atlantis in die Arbeitsbereiche ausgestrahlt worden, um die Bevölkerung zu kontrollieren.

Ich war erst neun Jahre alt, als mein Vater mich in Biofeedback und Hypnose einführte. Ich schlich mich in sein Büro, setzte die Kopfhörer auf und schaltete die Tonbänder zur Entspannung der Nerven oberhalb meiner Augen oder zur Regelung der Temperatur in meinen Händen ein. Ich konnte die Temperatur meiner

Hände bald sehr gut steuern. Ich horchte in die Kopfhörer auf ein sich verlangsamendes Geräusch, das gesendet wurde, wenn ich die Aufgabe richtig machte. Ich lernte, dieses Geräusch zu kontrollieren und es immer langsamer zu machen. Dabei meisterte ich seinen Rhythmus und meinen eigenen Pulsschlag.

Mein Vater und ich hatten unsere Biorhythmen aufgezeichnet. Er hatte das Gefühl, daß ich all dies lernte, um ein *Sadhu* oder ein indischer Yogi zu werden. Vielleicht war mein Vater in einem anderen Leben in Indien mein Lehrer gewesen. Jedenfalls war er in diesem Leben angloindischer Abstammung und in Neu-Delhi geboren aber in Lucknow aufgewachsen. Er war der erste Mensch, der mich Methoden zur Herrschaft des Geistes über die Materie lehrte, und danach fiel mir das Lernen dieser Dinge immer leicht.

Die letzte Vorbereitung durch die Schamanen bestand in einer liebenswürdigen Überraschung: Es war eine Fahrt zum früheren Haus von Georgia O'Keeffe in Abiquiu. Sie fuhren mich mit verbundenen Augen bis vor die Tür und sagten mir nicht, wo ich war. Ich ging zum Fenster und sah eine schwarze Schlange und wußte aus meinen Träumen, wo ich mich befand. Ich war vorher schon hier gewesen.

Leah nahm mich in den Vorgarten mit und führte mich zu einer Statue des heiligen Franz. Ein Kolibri kam und setzte sich auf ihre Schulter, und sie rief in Verwunderung aus: »Saint Germaine ist hier!« Sie sagte, daß wir uns darauf konzentrieren müßten, warum ich hier sei. Ich erzählte ihr von meinen Träumen und erklärte, daß ich das Gefühl hatte, Georgia O'Keeffe sei eine visionäre Künstlerin gewesen, die Farbe geliebt hatte, und daß viele Menschen auf der Suche nach spiritueller und sexueller Freiheit und neuen Formen der Kunst und der kreativen Handlungen nach New Mexico kommen würden.

Leah und ich setzten uns und schlossen dieAugen, und das erste Bild, das ich sah, war das einer Schubkarre. »Wir müssen das zerbrochene Rad reparieren! Ein Rad ist zerbrochen«, platzte ich heraus. Leah sprang auf ihre Füße und begann zu graben. Sie grub überall im Garten und fand Teile eines Rads. Dann nahm sie meine Hand und führte mich zu einer Seite des Hauses, die ich nicht gesehen hatte. Dort stand, an die Wand gelehnt, eine alte Schubkarre, der ein Rad zu fehlte.

Danach bildete sich aus den Schamanen, meinen Freunden und mir ein Kreis. In sechs Monaten würde ich derjenige sein, der das Rad zerbrechen und die fehlenden Teile meiner selbst allein finden würde.

Sieben
Der skrupellose Tyrann

Die Schamanen zogen aus dem Haus, das sie in der Canyon Road gemietet hatten, und überließen es uns, ihre Sachen zu packen. Zu diesem Zeitpunkt waren drei Personen aus unserer ursprünglichen Gruppe weitergefahren: die Frau, die in Albuquerque überfallen worden war, ihr Exfreund und dessen deutsche Freundin. Tani, die Schauspielerin und der Filmemacher waren bei uns geblieben. Insgesamt waren wir sechs Lehrlinge. Die beiden Neuankömmlinge waren Bob, ein sanftmütiger Mann mit guten Führungsqualitäten, und eine junge Frau namens Eliza, die Kundalini-Yoga studiert hatte. Sie lebten beide in Santa Fe.

Bob hatte viele Jahre in der Lama-Stiftung nördlich von Taos verbracht und war ein Einsiedler. Seine Motivation, sich unserer Gruppe anzuschließen, bestand darin, auf diese Weise an der neuesten Transformationsarbeit teilzuhaben. Während wir die Dinge im Haus zusammenpackten, fühlten wir, daß untereinander eine Intimität entstand, als ob wir Freunde fürs Leben werden würden. Alle von uns hatten Zweifel an den Schamanen, aber wir fühlten uns wie ein Stamm. Damien und Leah sagten uns immer wieder, daß sie eine genaue Vision davon gehabt hatten, wie sieben zukünftige Führungspersönlichkeiten zu ihnen kommen würden, um bei ihnen in die Lehre zu gehen. Wir waren zu ihrer Tür gekommen, um eingeweiht zu werden. Der Lehrplan würde im Verlauf des Kurses klarer werden, sagten sie, aber es sei alles möglich.

Damien hatte früher einem Marinekommando angehört, das Soldaten unter arktischen Bedingungen ausgebildet hatte. Er war in Schottland geboren, hatte außerdem als Taucher auf Bohrinseln, als Marathontrainer in New York und Fitneßlehrer für Yoga und Aerobics gearbeitet. Er war durch und durch Soldat und hatte einen ausgesprochen gemeinen Charakterzug. An dem Tag, als wir das Haus vor unserer Abfahrt putzten, fügte er Leah ein blaues Auge zu.

Leah stammte aus einer der Familien, die auf der Mayflower nach Amerika gekommen waren, und war von Mill Valley, Kalifornien, nach Santa Fe gezogen. Sie hatte als leitende Angestellte in einer Schallplattenfirma gearbeitet, als sie mit ihrer schamanischen Arbeit begann. Sie kommunizierte häufig mit dem Geist eines jungen Mädchens namens Jenny, das an Krebs gestorben war. Jenny war immer um sie herum und sprach aus dem Reich der Toten zu ihr.

Etwas stimmt hier mit Sicherheit nicht, sagte ich mir. Damien hatte Leah ein blaues Auge verpaßt, und Leah sprach mit einem toten Mädchen. Was wollte ich von diesen sogenannten Schamanen? Durfte sich nicht heutzutage *jeder* Schamane nennen? War mein Grund, bei ihnen zu bleiben, eine Art spirituelle Erwartung, oder agierten die beiden einfach erneut die Muster meiner gestörten Familienstruktur aus?

Was ich damals nicht wußte, war, daß Damien und Leah die Archetypen des skrupellosen Tyrannen verkörperten. Sie war die Verrückte, und er bestand aus einer Kombination von Richter, Rebell und Mörder. Teilweise als Ergebnis meiner Arbeit mit ihnen war ich später in der Lage, mit Geisteskranken zu arbeiten, mich in ihren Verstand zu begeben und ihre Seelen in ihre Körper zurückzuholen. Es war der Anfang einer haarsträubenden Reise.

Auf dem Weg zu unserem Camp am Fuß des Gletschers ließ uns Damien mit einer Last auf dem Rücken gehen, die unserem eigenen Gewicht entsprach. An steilen Berghängen oder beim Springen über Felsspalten war dies beinahe unmöglich und extrem schwierig. Wir hatten alles eingepackt, was wir für einen Monat in der Wildnis mit wenig oder kaum Kontakt zu Außenwelt benötigen würden.

Wir wanderten vom Santa-Fe-Ski-Basin am Nambe-See vorbei 18 Kilometer zu einem Gletschertal mit großen Felsblöcken. Dort mußten wir unser Camp aufbauen und aus den Flüssen Wasser hochschleppen, auch hier mußten wir mehr als unser eigenes Körpergewicht tragen. Der Weg ging beinahe senkrecht nach unten. Das Wasser war schwer, und die Behälter schwankten hin und her. Wir wurden hart geprüft, und meine männliche Seite lernte zu handeln und ausdauernder zu werden.

Auf unserem Speiseplan standen Reis, Bohnen, Mandelbutter, Brot, etwas Gemüse, wilde Kräuter, Baumrinde und Wurzeln. Wir aßen Hirse, Rosinen und Mandeln zum Frühstück. Wir arbeiteten hart daran, unser permanentes Lager aufzubauen. Wir bauten Regale aus Zweigen, eine große Feuerstelle mit einem Grill zum Kochen, und einen Eßtisch aus großen Steinen, zwischen die wir Moos legten, um die Spalten zu füllen. Wir pflanzten Blumen in das Moos, die blühten, bevor wir den Ort wieder verließen. Es war eine vollkommene Rückkehr zur Wildnis. Unsere Situation schien zu einem Himmel auf Erden zu werden.

Damien baute eine Hindernislaufstrecke, die direkt aus seiner Ausbildung beim Militär stammte. Wir hatten eine Stange für Klimmzüge in den Bäumen, Speere zum Werfen, weite Felsspalten zum Überspringen, Stationen für Bauchmuskeltraining, Liegestütze, Auf-der-Stelle-Laufen und alles andere, was sich ein Marinekommando wünschen konnte. Wir mußten den ganzen Parcours jeden Morgen absolvieren, manchmal sogar zweimal, wenn wir verfrüht aufgaben. Unsere Leistung wurde dabei mit einer Stoppuhr gemessen. Das Frühstück bekamen wir erst, nachdem wir den Hindernislauf erfolgreich hinter uns gebracht hatten.

Ich war niemals beim Militär gewesen, aber ich stellte fest, daß ich mich selbst auf Stärke, Ausdauer und Lebendigkeit prüfen wollte. Ich wollte jedem in der Gruppe beweisen, daß ich ein starker Mann war, der unter Druck oder Müdigkeit nicht zusammenbrechen würde. Als ich den Hindernislauf das erste Mal hinter mich gebracht hatte, war ich begeistert und fühlte mich durch die Anerkennung berauscht.

Als Kind hatte ich Sportunterricht gehaßt, weil ich einmal miterlebt hatte, wie ein Sportlehrer einen Sechstkläßler schlug und anschrie, bis der Junge am ganzen Körper zitterte. Ich haßte diesen Lehrer und wollte niemals in seiner Klasse sein. Damien war die Verkörperung dieses Lehrers. Er schrie uns an und nannte uns Waschlappen. Er sprang vor Begeisterung auf und ab, wenn wir einen Rekord brachen, wie zum Beispiel dreißig Liegestütze in der vorgesehenen Zeit zu schaffen. Alle jubelten, wenn einer von uns die zehn Stationen absolvierte. Wir alle wollten eine perfekte Leistung zeigen, um die Anerkennung der Schamanen zu erhalten.

Wir mußten uns auch aus Bäumen und von Felsen fallen lassen, eine Übung, die »Vertrauensfall« genannt wurde. Manchmal wies Damien uns an, uns drei bis sechs Meter tief rückwärts von einer Felskante in die Arme der Gruppe fallen zu lassen. Wenn wir zu hart oder abrupt landeten, mußten wir den Fall wiederholen. Außerdem seilten wir uns von Felsüberhängen ab und unternahmen anstrengende Klettertouren.

Damien ließ uns Männer 42 Kilometer am Tag gehen, bis unsere Füße von Schwielen übersät waren. Er trieb uns bis an unsere Grenzen und sagte dann: »Durchbrich den Schmerz. Gib ihn der Natur. Geh durch den Schmerz, und sende ihn zu deinem Montagepunkt und dann durch die Muskeln an der Innenseite deiner Beine zu den Füßen hinaus. Gib nicht auf.«

Damien tadelte mich immer wieder, weil ich unter dem Gewicht meines Rucksacks einen krummen Rükken machte. Er wies mich an, mir weiße Schnüre vorzustellen, die von meinem Solarplexus zu unserem Ziel verliefen, und von dem Ort, zu dem wir gingen, Energie aufzunehmen. »Laß deinen Rucksack auf deinem Kreuzbein ruhen«, sagte er. »Geh in deinen Montagepunkt. Verlaß dich auf die Energie der Erde. Höre auf die Großmütter.«

Mit Medusahaar, einem Bart, und völlig verdreckten Kleidern fing ich an, mich wie ein Banshee[10] zu fühlen. Wenn mich niemand sah, aß ich sogar die Baumrinde und Wurzeln.

Leah weckte uns jeden Morgen um vier Uhr, wenn die Welt um uns herum noch vollkommen still war. Wir meditierten in der Gruppe, hörten dann dem Wind, den Geistern und verschiedenen Meistern, den Lehrern der Traumzeit, zu. Wir schrieben unsere Eindrücke auf und

[10]A. d. Ü.: »Frau des Todes«, nach irischer Überlieferung ein oftmals verwahrlost aussehendes Gespenst, das bevorstehende Todesfälle ankündigt

teilten sie anschließend der Gruppe mit. Leah entwikkelte viele Übungen zur Stärkung unserer Intuition. Sie half uns zuzuhören. Wenn wir uns blockiert fühlten, stellte sie sich hinter uns und sandte enorme Energiewellen durch unsere Wirbelsäulen nach oben. Sie erinnerte uns daran, daß Frauen große Macht besitzen. Frauen seien die Träumer der Blumenwelten gewesen, sagte sie.

Unser Camp bestand aus zwei großen Zelten oder Wigwams. Ein Zelt war wie eine große Kuppel gebaut und wurde zur Meditation, zum Unterricht und für Zeremonien verwendet. Darin stand ein Altar, den wir alle reihum sorgfältig säuberten. Das zweite Zelt wurde Traum-Wigwam genannt, und wir schliefen darin entweder mit unseren Köpfen in der Mitte oder aneinandergedrängt, um uns zu wärmen. Wir stellten ein Dutzend kleinere Zelte für Nahrungsmittel, Kleidung und zum Kochen auf. Wir befanden uns in einer Hochgebirgswildnis: Wir waren von riesigen, aufrecht stehenden Felsblöcke in einem Gletschertal umgeben, das wie ein Amphitheater aus dem Felsen gemeißelt war. Es war öde und durchdringend wie unsere Arbeit.

Während der ersten Woche wurden wir angewiesen, Orte für unsere Visionssuche zu finden. Drei Tage und drei Nächte würden wir nur Wasser trinken oder gar nichts zu uns nehmen, falls uns das lieber war. Die Schamanen versicherten uns, daß unsere Visionen kommen würden. Bei dieser bestimmten Art der Visionssuche war es erlaubt, ein Zelt und ein Tagebuch zu haben.

Wir sammelten Holz für eine Schwitzhütte, um uns für unsere Visionssuche zu reinigen. Ich wurde dazu ausgewählt, die Feuergrube und den heiligen Hügel vor der Schwitzhüttentür zu bauen. Dort legten wir während der Zeremonie alle unsere heiligen Gegenstände ab. Außerdem verabschiedeten wir uns dort symbolisch von unseren Träumen der Reinigung. An dem Tag, an dem wir Weidenzweige für die Hütte sammelten, regnete es in Strömen. Wir standen knietief im Regenwasser und waren von einem Rudel Rehen umringt. Wir lachten und fielen ins Wasser, aber die Rehe liefen nicht davon. Ich spürte die Gegenwart des gehörnten Gottes. Er riet mir, daß ich bleiben und den ganzen Prozeß durchmachen sollte. Es würde gut für meine Psyche und die Öffnung der Fünften Welt der Maya sein, der Welt der Blumen.

Der Tag der Schwitzhütte war zauberhaft: An diesem Morgen kamen Rehe ganz nah zu mir, und ich freute mich darüber, daß wir den Hindernislauf nicht zu absolvieren brauchten. Knorrige Zweige, die mir noch nie zuvor aufgefallen waren, fielen mir auf meinem Morgenspaziergang leuchtend ins Auge. In den Haaren der Frauen glitzerten Schmetterlinge. Die Elementarwesen des Waldes schienen das feurige Holz und die Steine zu lieben. Feinstoffliche Salamander tanzten wild in der glühenden Asche und zeigten ihre wirbelnden, verdrehten Formen. Elfen brachten mich im Wald zum Stolpern, und ich fand Gefallen an ihrem Spiel und verleitete sie, es immer wieder zu tun.

Das Fest wurde vor der Schwitzhütte vorbereitet. Wir bereiteten unsere kostbarsten Essensvorräten zu. Wir schnitzten aus Holz eine Schaufel, mit der wir die Steine in die Schwitzhütte trugen. Alle Vorbereitungen wurden liebevoll und mit starker, kraftvoller Absicht ausgeführt.

Wir legten schweigend unsere Kleider ab, beteten zum Großen Geist und zur Großmutter Erde und segneten jeden Stein wieder und wieder. Wir ehrten die vier Himmelsrichtungen. Wir ließen unsere heiligen Gegenstände und Medizinbündel auf dem Hügel vor der Hütte zurück und traten danach in die Hütte ein. Ich hatte Kräuter für die Decke gesammelt, und wir alle konnten brennenden Salbei, Zedernholz und würzige Gräser in der Luft riechen.

Während jeder Runde – eine für jede Richtung des Medizinrads – kamen uns neue Lieder. Die Frauen sangen mit hohen Stimmen und die Männer in tieferen Tönen. Wir alle reinigten unsere Seelen, sprachen unsere tiefsten Ängste, Blockaden und unseren Wahnsinn aus. Wir verwandelten unsere Vergangenheit in der Hitze unseres Fleisches und in unserem Schweiß, der auf den Boden tropfte. Ich sah Lichter an der Decke der Schwitzhütte flackern und fragte mich, ob die anderen sie auch sahen. Die meiste Zeit in der Schwitzhütte hatten wir unsere Augen geschlossen und waren in tiefem Gebet und Vorbereitung für die Visionssuche am nächsten Tag versunken. Die Lichter verschwanden, und ich fühlte die Schönheit der Dunkelheit.

In dieser Nacht verließ Tani das Traum-Wigwam und rannte aufgeregt auf den Mond zu. Sie wollte ihren Körper hinter sich lassen, die Erde verlassen und ihren Ängsten entkommen. Damien machte sich auf, sie zu suchen. Wir hörten ihr Schreien und ihr Weinen. Damien kam Stunden später mit aufgerissener Haut und Kratzern an den Beinen zurück, die ihm grimmigen Gottheiten im Kampf zugefügt hatten. Die Gottheiten hatten von Tanis Körper Besitz ergriffen.

Tani liebte ihren Körper nicht und versuchte bei jeder Gelegenheit, ihn zu verlassen. Sie hatte große Schwierigkeiten, beim Hindernislauf über die Stangen zu springen und machte sich deshalb große Vorwürfe. Sie wollte eine Kriegerin sein, hatte aber das Gefühl, zu versagen. Sie schämte sich und fühlte sich unserer Gesellschaft unwürdig. Gleichzeitig wollte sie verzweifelt glauben, daß Leah die Medizinfrau war, die sie in New York zu finden versucht hatte. Tani war nervös und verängstigt, und alle ihre Überzeugungen, ein ungeliebtes Kind zu sein, kamen ans Licht.

Damien war über Tanis Weglaufversuche frustriert und stellte ihr ein Ultimatum: »Wenn du nicht in deinem Körper bleibst, bringen wir dich in die Stadt und lassen dich dort zurück. Entscheide dich jetzt.« Diese autoritäre Stimme wurde mit dem Verlassen der Wildnis immer stärker.

Meine Visionssuche war eine Zeit der Einsamkeit und Ruhe, ein Sammeln meiner inneren Kraft und eine erneute Verbindung mit der ganzen Schöpfung. Ich träumte von Donnerwesen und Regentänzen. Das Regenvolk sorgt für die Reinigung jeder Gesellschaft und stellt eine Brücke zwischen den Nationen dar. Es schließt sich gleichermaßen Geistern wie Menschen an und ruft das Wunder des Regens herbei. Ich sah Tänze, die ich später nachzuahmen versuchte. Die Donnerwesen sagten mir, daß ich in der Zukunft auf Menschen treffen würde, mit denen ich zuvor schon getanzt hatte, und daß wir uns gemeinsam an die Regentänze und den Tanz des Rehs erinnern würden.

Ich lernte auf meiner Visionssuche sehr viel über den Regen. Blitze geben dem Regen Signale, der daraufhin unseren spirituellen Durst stillt. Die Schwingen des Kolibris sind die Regentrommeln, die die Große Läuterung in den Jahren von 1992 bis 2012 herbeirufen. Dies war das Ende eines 26000jährigen Großen Mayazyklus und der Anfang der Erneuerung der Erde. Während meiner Visionssuche wurde ich angewiesen, den Regen zu bringen und zu den Donnerwesen zu sprechen. Es regnete während der ganzen Zeit.

Tiere kamen furchtlos bis an mein Zelt. Mein Herz hüpfte vor Freude, als Eichhörnchen, Streifenhörnchen, Vögel, Biber, Rehe und Murmeltiere so nahe herankamen, daß ich sie berühren konnte.

In der zweiten Nacht träumte ich von einem Photonengürtel, einer Wolke aus Sonnenstrahlung, die die Erde beeinflußte. Mein Traum sagte mir, daß dieser Gürtel die Erde 1962 zum ersten Mal eingehüllt hatte und im Sommer des Jahres 1992 zurückkehren würde. Dieses Phänomen kam durch die Plejaden zustande und würde der Atmosphäre viel Licht und Hitze bringen. Die Sieben Schwestern der Plejaden erklärten mir, daß dieser Photonengürtel von vielen als ein großes Summen auf der ganzen Erde wahrgenommen werden würde. Sie sagten, daß Taos und viele heiligen Zentren auf dem Planeten bei seiner Ankunft vibrieren würden. 1962 war nur die Vorbereitung, und 1992 war der eigentliche Anfang der Veränderungen auf der Erde, begleitet von einem exponentiellen Anwachsen der Menge reinen Lichts, die von dem Plejadenstern Alcyone übertragen wurde.

In der dritten Nacht träumte ich von Sonnenschafen. Diese Schafe waren aggressiv, impulsiv, temperamentvoll und abenteuerlustig. Sie stellen den Widderarchetyp oder die nicht reflektivierte Männlichkeit dar, eine Männlichkeit, die nicht auf eine Antwort von der weiblichen Seite warten konnte. Ich spürte, daß Damien und ich diese Widdernatur teilten und sie gemeinsam auflösen würden.

Dann sah ich eine riesige Schlange, die mich verschlingen wollte. Sie war regenbogenfarbig und wartete im Zentrum einer Spirale. Ich war auf diese Visionssuche gegangen, um mein Ego abzulegen, den Widder zu heilen, vom Regen gereinigt zu werden, um die Vision des Lichts zu sehen, das von der Sonne in den Plejaden kommt.

Nach unserer Visionssuche wurden wir wieder um vier Uhr morgens geweckt. In dieser Zeit hatte ich eine Vision von einer anderen, neuen Sternenkarte. In meiner Vision sah ich das Wort »Archaeastronomie« und begann, mathematische Gleichungen mit Pythagoras-Symbolen zu schreiben. Ich sagte immer wieder: »$E = mc^4$« Ich erklärte den anderen, daß die Erde sehr nahe bei den Plejaden und dem Sirius-System lag und daß sie sich eigentlich um den Planeten Alcyone drehte.

Um 4 Uhr morgens, zur »Yogi-Zeit«, wie wir es nannten, fielen uns Einsichten und blitzartige Erkenntnisse leicht. Die Buddhisten nutzen diese Tageszeit, um tiefe Meditationen in der Stille durchzuführen. Ich channelte in diesen Morgenstunden immer und hörte zu, um mehr über die Kräutereigenschaften von Pflanzen zu lernen. Außerdem lauschte ich auf Botschaften von den Plejaden oder auf neue Wege, um dem Wohl unserer Gruppe zu dienen. Ich sah, daß während der Harmonischen Konvergenz im August 1987 heilige Stätten auf der ganzen Welt ihr bis dahin geheimgehaltenes Wissen zugänglich machen würden. Oftmals channelte ich auf Bitten der Schamanen und sprach über ihr Privatleben. Dabei begann ich, Mitgefühl für sie zu entwickeln.

In der Wildnis fingen die Männer und Frauen in unserer Gruppe an, sich stärker voneinander abzugrenzen. Abends trommelten die Männer, während die Frauen tanzten. Wir bauten außerdem verschiedene Medizinräder und hielten unterschiedliche Zeremonien ab. Das Medizinrad der Männer bestand aus dem Weisen Mann im Norden, dem Künstler, Bildhauer und

Baumeister im Osten, dem Vater, dem heißblütigen Liebhaber und dem nährenden Mann im Süden und dem Rebell, Abenteurer und wilden Mann im Westen.

Im Zentrum des Rads befanden sich Adler und Jaguar, die Meister des Rads, die in alle Richtungen gehen konnten.

Die Männer malten sich häufig die Gesichter an und stellten sich in den verschiedenen Himmelsrichtungen auf, um die Geisthüter herbeizurufen. Die Frauen entdeckten ihre wilde Seite sowie ihre Weiblichkeit. Sie nahmen auf viele Arten mit der Göttin sowie mit einem tiefen Gefühl der machtvollen Einsamkeit und der Selbstgenügsamkeit Kontakt auf. Die Frauen waren starke Träumerinnern und liebten die Welt der Blumen. Sie lernten in ihren Träumen, sich ihren Schatten und der Schlange zu stellen.

Während ihrer Menstruation gingen die Frauen in das Regenbogen-Wigwam, um ihr Blut zu feiern und allein mit der Mutter in Kontakt zu treten. Während der Zeit ihrer »weisen Wunde« wurde eine Frau hochgeschätzt und lernte, Zugang zu ihrer Stärke zu erhalten. Die Männer hackten Holz, schnitzten Wanderstöcke mit Messern, die uns Damien geschenkt hatte, und trugen schwere Eimer mit Wasser. Mein Wanderstock war mit nordischen Runen sowie Pfoten- und Handabdrücken als Schutzsymbolen verziert.

Jeder von uns schnitzte drei Wanderstöcke. Einer war der perfekte Wanderstock, die beiden anderen wurden als Speere benutzt. Die Männer warfen Speere, rangen miteinander und schrien wie die Jäger. Die Frauen machten Göttinnenschmuck und hielten geheime Zeremonien ab, um den Dämonen in ihren Träumen gegenüberzutreten, die ihre Intuition bedrohten.

Die Männer steckten Kristalle an Leylinien-Kreuzungen auf sieben Gipfeln in den Sangre-de-Christo-Bergen in den Boden. Jeder Kristall wurde dabei mit der Absicht begraben, die Erde zu ehren und sie liebevoll zu heilen. Wir beteten auch um Heilung und Reinigung für die Menschheit. Diese Handlungen brachten uns einander noch näher.

Wir feierten sogar eine Zeremonie, in der wir einander mit Whiskey begossen. Ein Peyote- und Ecstasy-Ritual besiegelte unsere Einheit in der Traumzeit noch stärker. Aber ich sehnte mich nach etwas, was weniger ekstatisch und dafür realer war, und ich bekam es. Ich spürte, daß ich wirklich in meinem Körper und vollkommen lebendig war, besonders, wenn ich mich in die Wildnis aufmachte, um Tiere aufzuspüren oder auf einer Bergspitze zu sitzen.

Gegen Ende unseres Aufenthalts in der Wildnis begannen wir ein Bergtheater mit Kerzen, die in der Dunkelheit auf den Felsen leuchteten. Wir führten die einzelnen Archetypen als Theaterrollen auf und verspotteten die Schamanen und einander. Ich liebte unsere Neckereien, die jeden von uns mit Demut an ihrem oder seinem Platz hielten.

Eines Nachts erzählte ich eine alte gnostische Geschichte, die »Das Loblied der Perle« hieß. Sie lautet folgendermaßen:

Es war einmal ein Prinz aus einem fernen Land, der das Versprechen erhielt, König zu werden, wenn er eine besondere Aufgabe erfüllt hätte. Er mußte zu einem Ort reisen, der weit von zu Hause entfernt war, und sich einem dunklen Ungeheuer stellen, das auf dem Grunde des Meeres eine sehr kostbare Perle bewachte. Wenn er das Ungeheuer besiegte, die Perle fände und sicher zurückbrächte, würde er zum König gekrönt werden.

Der Prinz machte sich auf und reiste vierzig Tage und vierzig Nächte über das Meer, bis er an seinem Ziel angelangt war. Müde von der langen Fahrt ging er in eine Taverne der Hafenstadt. Er trank ein Bier, und die Fischer begannen ein Gespräche mit ihm. Sie boten ihm Arbeit und Unterkunft an.

Er nahm ihr Angebot an. Er kleidete sich wie die Leute aus der Hafenstadt, aß ihre Speisen und fand Gefallen an einer schönen Frau. Nach kurzer Zeit war er von den Fischerleuten nicht mehr zu unterscheiden und hatte seine Suche nach der Perle vollkommen vergessen.

In der Zwischenzeit machten sich die Eltern des Prinzen Sorgen, da sie so lange nichts von ihrem Sohn gehört hatten. Sie entschlossen sich, ihm eine Taube mit einer Botschaft zu senden, die ihn an den wahren Zweck seiner Reise erinnern sollte.

Die Taube flog zu der Taverne, wo der Prinz mit seinen Kameraden Bier trank. Nur der Prinz konnte sie sehen, obwohl die Taube durch ein offenes Fenster hereinflog und sich auf seine Schulter setzte. Die Botschaft der Taube ging dem Prinzen direkt ins Herz, und er erinnerte sich an seine Mission und daran, wer er war.

Er verließ die Taverne auf der Stelle und stürzte sich in den Ozean. Er tauchte immer tiefer, bis er einem Ungeheuer begegnete. Das Ungeheuer war die Verkörperung aller seiner Ängste, Komplexe und negativen Gedanken. Er bekam zuerst große Angst, dann jedoch erkannte er, daß das Ungeheuer nicht wirklich war, sondern nur einen Spiegel seines eigenen Verstands darstellte. Er mußte sich selbst gegenübertreten. Er mußte versuchen, die Natur des Ungeheuers in seiner eigenen Psyche zu verstehen.

Als das Ungeheuer spürte, daß der Prinz keine

Angst hatte, gab es den Weg frei. Der Prinz tauchte darauf bis zum Boden des Ozeans, wo er eine riesige Auster fand. Er öffnete die Auster und fand darin die größte Perle, die er jemals gesehen hatte. Diese Perle war seine Seele. Er kehrt sicher mit ihr in sein Königreich zurück und wurde zu einem weisen und mitfühlenden König.

Unser Bergtheater war von solchen Geschichten, Mythen und Dramen erfüllt. Während dieser Vorführungen wurden wir alle zu Verkörperungen von weisen alten Männern und Frauen, Gorgonen[11], Rebellen, Verrückten, Drachen, Prinzessinnen und vielen anderen Charakteren. Wir fertigten außerdem Masken unserer Höheren Selbste, unserer Schatten, unserer »Sternenleben« und aller Charakterzüge an, die wir entweder loslassen oder besser integrieren wollten.

Der ganze Vorgang des Maskenbaus war geheimnisumwittert. Jeder von uns ließ sich von jemand anders die Maske auf das Gesicht formen, und wir mußten wahrnehmen, in was wir uns verwandelten. Dann dekorierten wir unsere Masken nach der Vision der anderen Person von uns. Wenn es an der Zeit war, die Maske vor der Gruppe zu »tanzen«, mußten wir die Tanzmusik mit verbundenen Augen auswählen. Wir waren oftmals verblüfft, wenn wir entdeckten, daß die Musik perfekt zur Stimmung der Maske paßte.

Während der Tänze traten versteckte Aspekte unserer selbst zutage. Zorn und Wut wurden durch die Persona der Maske rituell gezügelt und losgelassen. Ich wurde einmal zu einem Hofnarren, der die Ernsthaftig-

[11] A. d. Ü.: Griech.: »Starrblickende«, in der griechischen Mythologie drei Ungeheuer mit Schlangen im Haar, Euryale, Medusa und Stheno

keit des Prozsses verhöhnte. Eine andere Maske, die ich anfertigte, war silbern und trug die Worte »Ich bin« auf der Stirn. Zu Halloween waren meine Maske und mein Kostüm wild, schwarz und lasziv und strotzten vor Dornen, Zweigen und Spinnengeweben.

Für uns Schüler war dies eine hohe Form des Schauspiels. Wir identifizierten uns niemals mit einer Rolle, sondern erschufen Dutzende von Gesichtern, Charakteren und Kostümen. Wir lernten, das Leben nicht so ernst zu nehmen, sondern jede Illusion zu lieben, ohne sie als unsere Realität zu beanspruchen. Wir hängten die Masken in unseren Zelten und später in unseren Häusern auf und nahmen den Karneval mit uns. Leider nahmen die Schamanen ihre Rollen sehr ernst, was schließlich zu ihrem Untergang führte.

Nach unserem Aufenthalt in den Bergen reisten wir nach Aspen, Jackson Hole und Laramie und wanderten ein Stück an der Continental Divide[12] entlang. Dann fuhren wir in Richtung Osten nach Iowa und schließlich nach New York. Wir begannen, als »Stamm« Seminare und Vortragsabende zu gestalten. Die Seminare dauerten drei bis sieben Tage und beinhalteten Fasten, Entgiftung des Körpers, Maskenbauen, Geschichtenerzählen, Lehren zum Montagepunkt, Vipanassa-Meditation, die Differenzierung von männlich und weiblich, Einstimmung auf die Intuition, auf Geistführer und auf Totemtiere.

Während dieser Zeit wurde Damien immer autoritärer. Er trank sehr viel Wein, nahm Ecstasy, gab Frauen die Schuld an Kriegen und führte sich wie ein Luftwaffenoberst auf. Er erzählte Geschichten aus seiner

[12]A. d. Ü.: Die große Wasserscheide, die überwiegend entlang der Hauptkämme der Rocky Mountains verläuft.

Vergangenheit ... Er hatte in New York mit seinem Fitneßgeschäft Konkurs erlitten. Anschließend war er in einem schottischen Kilt per Anhalter nach Kalifornien gekommen. Dort hatte er mit verschiedenen spirituellen Heilern und Lehrern studiert, meditiert und gelernt, mit unterschiedlichen Dimensionen zu kommunizieren. Er war schließlich am Mount Shasta angelangt, wo er, wie er sagte, von den Wunden seiner Vergangenheit geheilt und von seinen Dämonen exorziert worden war. Er hatte Leah in Mill Valley getroffen, und kurz danach hatten sie gleichzeitig denselben Traum gehabt.

Sie hatten geträumt, in einem Maya-Tempel zu sein und eine Pyramide hinaufzusteigen, um im Dschungel verheiratet zu werden. Sie waren beide spirituell in die Priesterorden eingeweiht worden und erinnerten sich an Inkarnationen als Maya-Führer. Während ihres Traums waren ihre Montagepunkte aktiviert worden, und aus ihrem Solarplexus waren Fäden ausgetreten. Sie erlebten gemeinsam ein tiefes Erwachen und erkannten, daß sie ein gemeinsames Schicksal zu erfüllen hatten. Später hatten sie von Freunden ein Darlehen erhalten und waren nach Santa Fe gekommen, um die Essenz des Männlichen und des Weiblichen zu lehren und zusammen ein Buch zu schreiben.

Ich spürte das verwundete Kind in Damien, seinen alkoholabhängigen Vater und seine Sucht nach Macht. Einmal auf dieser Fahrt wandte er sich mir über einen Eßtisch zu und sagte: »Du weißt, daß ich dich als einen Priester in der katholischen Kirche ermordet habe. Verzeihst du mir? Kannst du mir wieder trauen? Du warst auch ein Mörder. Du hast die Augen eines Mörders.«

Bald danach hatte Leah wieder ein blaues Augen und schwor, Damien diesmal wirklich zu verlassen.

Leah trug eine tiefe Scham und ein starkes Gefühl der Verlassenheit aus ihrer Kindheit in sich, ihr fehlte jedoch ein Ego, das stark genug war, um ihre negative männliche Seite zu konfrontieren. Die beiden hatten ihre Lieblinge in der Gruppe und spielten den Rest von uns gegeneinander aus. Sie förderten Konkurrenz und Schlafmangel, indem sie uns stundenlang wach hielten und ein Kriegsspiel namens Risiko spielen ließen. Damien zwang uns oftmals, das Brettspiel die ganze Nacht durch zu spielen – um unsere Schatten, unseren Konkurrenzkampf und unsere Gewinnsucht ans Licht zu bringen, sagte er.

Wir unterwarfen uns Damiens Launen, und er begann, innerlich zu zerbrechen. Träume und Erinnerungen quälten ihn. Er agierte seinen Schatten sowohl sexuell mit den Frauen in der Gruppe als auch mit seinen Fäusten aus. Eines Abends kam er betrunken zurück, und beschuldigte Leah, in den Seminaren »keine Energie zu bewegen«. Er gab ständig allem Weiblichen die Schuld an den Übeln des Krieges sowie an allem, was in einem Seminar schiefging. Er selbst übernahm nie Verantwortung.

Mit unserer Ankunft in New York hatte ich das Gefühl, einen Zyklus abgeschlossen zu haben. Eines Nachts brach dort jemand in unseren Kleinbus ein, und alle meine Erfahrungen mit Übergriffen aus meiner Kindheit wurden erneut lebendig. Die Schamanen begannen, mir zu sagen, was ich für das Publikum channeln sollte. Sie wollten von mir, daß ich sie anpries und lobte. Außerdem sollte ich meine Dienste gegen Geld anbieten und ihnen einen Anteil an dem Erlös geben. Sie drängten mich, am Telefon immer mehr Leute zu immer höheren Preisen zu werben.

Schließlich hatte ich genug. Ich packte meine Taschen und wartete mit klopfendem Herzen auf den Aufzug des Apartments. Als der Aufzug kam, befand sich Damien darin. Er kam heraus, sah meine Reisetaschen und wurde sehr aufgebracht. »Was glaubst du, wo du hingehst? Du schuldest uns eine Menge Geld für unsere gemeinsame Zeit. Du schuldest uns Achtung als deinen Lehrern. Du wirst so lange für uns arbeiten, bis du alles zurückgezahlt hast und wir bereit sind, dich gehen zu lassen.« Er beschimpfte mich als Eidechse, aber ich wußte, daß er nur seinen eigenen Schatten auf mich projizierte (er und Leah waren wie die »Eidechsenleute«, die Nibiruaner, die nicht fühlen konnten und die Erde in einem früheren Zeitalter beherrscht hatten).

Damien brachte mich auf mein Zimmer zurück und verriegelte die Tür. Er drohte, die Polizei zu holen. »Wenn du jetzt gehst, wird dich der skrupellose Tyrann einholen«, sagte er. »Du mußt deine Zeit mit uns korrekt abschließen, sonst werden dich diese Erinnerungen dein ganzes Leben lang verfolgen. Du wirst mir später dankbar sein.«

Ich zitterte, während Damien mich anschrie. Keiner meiner Freunde in der Gruppe unterstützte mich, nicht einmal Tani. In diesem Moment wurden wir zu einem gestörten Kult. Tani fing an, sich seltsam zu benehmen, und war von Finsternis und ihrem Schatten besessen. Sie begann, ein dämonisches Wesen zu channeln.

Damien war zu Wotan, dem Götterkönig der germanischen Mythologie geworden, der perfektionistischen Vaterfigur. Leah war Sieglinde, seine Tochter, die sich emotional um ihren Vater kümmerte und stellvertretend für seine Frau handelte. Sie gab ihre eigene Persönlichkeit auf, um zu Damiens Anima zu werden. Es gab Tage, an denen sie ihren Körper völlig verlassen hatte, und häufig trug sie ein unheimliches Lächeln auf ihrem Gesicht. Wenn Leah Damiens emotionale Erwartungen nicht erfüllte, verpaßte er ihr ein blaues Auge. Eines Nachts sah ich, wie er sie schlug, und ich stieg auf seinen Rücken, um ihn davon abzuhalten.

In Jenny Lake in den Grand Teton Mountains hatte ich meine Stirn an einem Duschkopf gestoßen, und eine bläuliche knollenartige Beule hatte sich an der Stelle geformt, wo sich mein drittes Auge befand. Danach fing ich an, durch meine Hirnanhangsdrüse zu »sehen«. Meine Wahrnehmung änderte sich dramatisch. Ich sah die vergangenen Leben von Damien und Leah, einschließlich ihres gegenseitigen Giftmordes und ihres Machtmißbrauchs. Ich sah auch, wie sie mich in vergangenen Leben immer und immer wieder zum Opfer gemacht hatten. Dies war der Anfang vom Ende meines Einvernehmens mit der Tyrannei.

In den Tagen nach unserer Konfrontation am Aufzug war Damien gereizt und wütend auf mich. Ich sah tief in seinen Körper bis zu seinen Dämonen. Ich durchschaute ihn, und er fühlte sich unbehaglich und unsicher. Er konnte mich nicht mehr länger kontrollieren. Ich wollte nicht mehr länger Opfer oder Täter sein.

Übertrat ich Damiens Grenzen, indem ich so tief in sein Wesen hineinsah? Eulen flogen über meinen Kopf und wiesen mich an, in der Dunkelheit zu sehen, seine und meine eigenen Schwächen aufzudecken, und den verwundeten Mann in uns beiden zu erlösen. Damien versuchte, mich in seinen Träumen zu bekämpfen, er hatte es immer noch nötig, mich zu dominieren und zu seinem Diener zu machen. Ich sagte: »Nein, Damien. Ich bin jetzt stärker. Das Spiel ist vorbei.«

Das einzige Buch, das ich besaß und das sich mit dem skrupellosen Tyrannen auseinandersetzte, war Carlos Castanedas *Das Feuer von innen*. Ich fing an, verschiedene Strategien zum Verlassen der Gruppe aufzustellen. Damien und Leah erinnerten mich daran, daß ich ihnen $ 2.500 für die Lehrzeit bei ihnen schuldete und daß ich ein entsprechendes Dokument unterzeichnet hatte. Sie drohten mir, mich vor Gericht zu bringen, wenn ich die Gruppe vorzeitig verließe. Damien und Leah beschwerten sich endlos über meinen Mangel an Integrität, meinen Mangel an Achtung gegenüber meinen Lehrern und meinen Betrug an ihnen.

Ich wollte mich nicht einsperren lassen. Ich rief alle meine alten Freunde an und bat sie um Geld, aber niemand wollte mir helfen. Schließlich schickte mir mein Vater ein Flugticket nach Los Angeles, damit ich Weihnachten mit meiner Familie verbringen konnte. Ich erkannte, daß dies mein Fluchtweg war.

Zur Wintersonnenwende bereiteten wir eine große Feier vor. Ich channelte über das Bedürfnis, gehört und berührt zu werden, und über die Geburt von wahren Werten und echter Reife. Ich hielt den Schamanen eine Predigt darüber, sich an das zu halten, was sie lehrten. Damien und Leah wiederum hatten sich eine raffinierte Bindungszeremonie ausgedacht, während deren sie von uns allen verlangten, uns für ein Jahr in ihren Dienst zu stellen.

Ich machte mit, wohl wissend, daß sie versuchten, sich durch energetische Schnüre an meinen Solarplexus anzuschließen und meine Lebenskraft einzufangen. Tani, der Filmemacher und zwei andere blieben bei den Schamanen und schworen ihnen Treue, und es kamen neue Leute dazu, um Lehrlinge zu werden. In den folgenden Tagen spürte ich, wie sie seltsame Energie-Kokons um meinen Körper spannen. Sie veränderten meinen Montagepunkt und gaben mir Kriegsmedaillen als ein Zeichen meiner Treue zu ihnen. Fremde sprachen mich an und fragten mich, warum ich bei diesen Leuten blieb, und ich sagte ihnen unverblümt: »Sie sind mein Schatten, der Schatten der Kontrolle und der Manipulation. Ich werde sie direkt konfrontieren und meine Macht zurückfordern. Dann gehe ich hier weg und lerne, aus meinem Instinkten heraus als Mann zu handeln.«

Ich flog nach Los Angeles. Dort traf ich Rianna wieder, und meine Gefühle entwirrten sich. Ich nahm die Schnüre aus meinem Solarplexus heraus, distanzierte mich selbst emotional und weinte tagelang, während ich den Bindungsbann der Schamanen löste. Ich schrieb ihnen sogar eine »gechannelte« Botschaft von einem »Meister«, in der ich ihren Beitrag für mein Leben würdigte und ihnen sagte, was sie hören wollten. Ich gab zu, ihr Lehrling gewesen zu sein, und erklärte, daß es jetzt an der Zeit war weiterzugehen. Ich stellte einen Rückzahlungsplan auf, tat alles, was ich mußte, um meine Seele aus diesem Teufelspakt zu befreien. Ein Freund in der Filmwelt hatte einen möglichen Job erwähnt, und ich schloß das in dem Brief ein, um alle meine Spuren zu verwischen.

Es funktionierte. Die Schamanen würden bezahlt und gewürdigt werden. Eine Frau in New York, die nicht zu der Gruppe gehörte, eine Schauspielerin, die ich Helen nennen will, bot mir Geld an, damit ich die Schamanen sofort bezahlen und verlassen konnte. Ich nahm an, und daraus wurde schließlich eine weitere große Lektion. Helen sagte, daß sie Damien beleidigend finde und glaube, daß Leah am Rand des Wahnsinns stehe. In der Zwischenzeit vergab ich mir selbst und ließ die vergangenen sechs Monate und die Lektionen, die ich in dieser Zeit darüber gelernt hatte, meine Macht abzugeben, mental Revue passieren. Ich liebte

Damien und Leah sogar dafür, mir beigebracht zu haben, nicht aus emotionaler und finanzieller Habgier zu handeln.

Ich wollte Frieden schließen. Ich wollte gute Grenzen haben, die persönlichen Grenzen, die ich als Kind nie gekannt hatte. Ich wollte meinen Animus heilen, den Mann, der Frauen aus seinem Leben ausgeschlossen hatte und von einer negativen Mutter und einem autoritären, perfektionistischen Vater beherrscht wurde.

In dieser Zeit hatte ich Träume über Amerika. Ich sah, wie amerikanische Bürger schließlich ihre Rechte verlieren und Gesetze über Durchsuchungsbefehle und Festnahmen einführen würden. Ich sah, wie sowohl Demokraten als auch Republikaner sich einem wachsenden Industrie-Militär-Komplex gegenüber loyal verhielten und wie Steuergelder zu Unternehmern in der Verteidigungsindustrie und Pentagonbeamten flossen. In diesen Träumen erhielt ich sogar die Namen des einen Prozents der amerikanischen Gesellschaft, welches das Geld kontrolliert und sich wenig um die Leute auf der Straße kümmert. Öffentliche Wahlen waren zu einer Farce geworden. Amerika würde nur noch für Geld, nicht mehr für Menschen sicher sein. Seit den Zeiten von Atlantis waren die Öffentlichkeit und die Medien keiner so gründlichen Gehirnwäsche mehr unterzogen worden.

In meinen Träumen wurde mir geraten, skeptisch gegenüber dem Fernsehen, den Politikern und dem Militär zu sein. In meinen Visionen reiste ich zu unterirdischen Militäreinrichtungen in Australien und Sedona, Arizona. Was ich sah, gefiel mir nicht. Die Technologie war gefährlich. Die Arbeit mit Photonen und die genetischen Manipulationen waren lebensverachtend. Ich sah in Las Vegas, Nevada, zahlloses Militärpersonal das von der Regierung hergestellte metallische Raumschiffe flog. Dann sah ich das Reptilienvolk umherwandern. Dies waren tiefe Träume von bevorstehenden Ereignissen, die bereits in Gang gesetzt worden waren. Ich nahm die Träume jedoch weder wörtlich, noch wurde ich paranoid. Ich sah auch Hoffnung in diesen Visionen – Hoffnung für eine massive soziale und spirituelle Revolution. Veränderung kommt von innen, und ich wußte, daß ich meiner eigenen Seele treu bleiben mußte.

Ich kehrte nach New York zurück, um meine Taschen zu packen und mich von den Schamanen, Tani und zwei anderen aus der Gruppe zu verabschieden. Die Schamanen weinten und führten mich zum Mittagessen aus. Dann sagten sie mir, daß ich ihnen zusätzlich zu dem Geld, das ich ihnen bereits bezahlt hatte, in Los Angeles weiter einen Anteil von meinem Einkommen abtreten mußte. Nach ihrem Plan würde ich praktisch mein ganzes Leben lang einen »Zehnten« an sie bezahlen. Der Plan war empörend, aber ich hielt den Mund und wartete auf den richtigen Moment für meinen Ausbruch. Ich erinnerte mich an unsere Zeit in den Bergen und vergab ihnen innerlich, aber ich wollte sie loswerden. Am letzten Tag schnitten sie mir mein langes Haar ab, um die Vergangenheit abzulegen. Ich hatte den Verlust von Haaren schon immer nicht nur als ein Lösen von der Vergangenheit, sondern auch als einen Machtverlust empfunden.

Durch Damien und Leah hatte ich die negative Dynamik meiner Familie in dem deutlichsten Spiegel gesehen, den es gab. Mein Vater war ein machtvoller Anführer gewesen, der Perfektion in Schule und Sport verlangte und immer zu wissen schien, was »richtig« war. Meine Mutter hatte ihre Gefühle unterdrückt und war zu einer manisch-depressiven Frau geworden, die von Medikamenten wie Valium, Librium und Thorazin abhängig war. Mein Vater hatte einmal zu mir gesagt: »Du bist so emotional wie deine Mutter. Das ist ein genetisches Problem, das in ihrer Familie liegt.« Er war auf Logik und Wissen fixiert. Er wurde bei seiner Arbeit bewundert, konnte jedoch zu Hause keine Nähe herstellen. Meine Mutter wurde in ihrer manischen Depression eine Zeitlang verrückt. Sie verlor ihre Seele an den inneren Tyrannen des Patriarchats, an die Schattenseite meines Vaters, die nicht fühlen konnte. Sie blieb beinahe ein Jahr lang im Bett und wollte sich dem Leben nicht stellen.

Ich war der Vermittler zwischen meinen Eltern. Ich war in ihrem Netz gefangen, weil ich sie als Kind so sehr liebte und brauchte. Ich hatte gesehen, wie mein Vater jeden verurteilte, von uns jedoch wollte, daß wir ihn bewunderten und in seiner Nähe lebten, als wir erwachsen wurden. Nichts, was meine Mutter tat, genügte ihm. Er war im Sternzeichen des Stieres geboren und wollte geliebt werden, konnte jedoch seine Familie nicht loslassen. Ich hatte mich schon in jungen Jahren geweigert, die emotionalen Bedürfnisse meiner Mutter zu erfüllen. Ich hatte gelernt, von ihr unabhängig zu werden, obwohl mir das große Schmerzen bereitet hatte.

Wie mein Vater wollte auch Damien mich nicht gehen lassen. Er hielt seine Bindung zu mir für ein Band der Liebe. Er dachte, daß ich ein Sohn wäre, der sich nach der Rückkehr seines Vaters sehnte, und daß ich diese Dinge durch ihn finden könnte. Es war richtig, daß ich mich mit dem positiven Potential in Damien verbinden wollte, aber ich mußte mich gleichzeitig gegen seine Unterdrückung von Seele und Gefühl und vor seinen intensiven Wutausbrüchen schützen. Ich mußte meinen eigenen Schatten entdecken, anstatt seinen zu übernehmen. Während ich darüber nachdachte, erkannte ich, daß sowohl Damien als auch mein Vater sich auf einem schmalen Grat zwischen dem Hunger nach Macht und dem Instinkt zur Selbsterhaltung bewegten. Beide projizierten eine nicht integrierte maskuline Seite, einen brutalen Egoismus des Schattens. Während ich so Damien und meinen Vater analysierte, erkannte ich, daß es wichtig für mich war, nicht nur meine guten Seiten, sondern auch meine Schwächen zu lieben. Jetzt war der Zeitpunkt gekommen, in die Unterwelt hinabzusteigen, um mich mit den Dingen zu konfrontieren, die mich immer zurückgehalten hatten.

In der Zwischenzeit hatten die Schamanen meine Arbeitskontakte in Los Angeles angerufen und herausgefunden, daß ich doch nicht für eine Filmgesellschaft arbeitete. Sie fühlten sich betrogen und verlangten höhere wöchentliche Zahlungen.

Als ich dies hörte, brach ich jegliche Kommunikation mit ihnen ab und zerriß alle meine Verträge mit ihnen. Für mich hatte wahre Männlichkeit immer eine Art Eindringlichkeit bedeutet, die sagte: *»Ich will das. Ich werde das bekommen.«* Ich riß die psychischen Schnüre der Schamanen aus meinem Körper heraus und gab alle meine Abhängigkeiten ihnen gegenüber auf. Ich stand als Mann für mich ein und sagte einfach: »Nein!« Ich erlaubte ihnen niemals wieder, mit mir Kontakt aufzunehmen, mir Briefe zu schreiben oder Geld zu verlangen. Ich war nicht mehr länger ihr Lehrling. Nach monatelangen Anstrengungen, meine Seele zu befreien, während ich John Bradshaws Arbeit über Familiensysteme las, fühlte ich mich frei und viel stärker.

In meiner ersten Woche in Los Angeles bekam ich einen Job als Schauspieler in Werbespots: »We love the Spirit in you.«[13] Meine Führer wollten mir etwas sagen.

Während ich am Meer saß, entspannte ich mich mehr und mehr und atmete die Erfahrungen der vergangenen sechs Monate aus. Ich trauerte um mein gebrochenes Herz, das sich mit der Zeit wieder öffnen würde.

Helen, die Schauspielerin, die mir das Geld gegeben hatte, um die Schamanen zu verlassen, flog nach Los Angeles, das es mir ermöglichte, mit mir ein Haus im Topanga Canyon zu teilen. Sie wollte im selben Zimmer wie ich schlafen und mich bemuttern. Sie war Griechin und manisch-depressiv, und sie begehrte mich als ihren Liebhaber. Auf diese Weise wurde sie zum Spiegel für meine Beziehung zu meiner Mutter in meiner Kindheit.

Ich hatte als Kind meine Mutter geliebt. Wir waren unzertrennlich. Als ich drei war, nahm sie mich von meinem Vater fort, um mich ihrer Familie in Griechenland vorzustellen. Ich sprach fließend Griechisch, lebte bei meiner Tante und meinen Großeltern und erinnerte mich an meine vergangenen Leben in Griechenland. Meine Mutter und ich erlebten in Griechenland gemeinsam viel Freude. Wir spielten in den königlichen Gärten, lachten, aßen üppige Mähler und genossen das Gefühl, eine Familie zu sein.

Als wir zu meinem Vater und meinen Geschwistern zurückkehrten, geschah jedoch ein schlimmer Bruch. Mein Vater wollte, daß ich mich von meiner Mutter löste und Sport trieb. Ich war erst vier Jahre alt. Meine Mutter wurde verrückt. Sie fühlte sich schuldig, weil sie mich mit Liebe überhäufte, wagte jedoch nicht, die Absicht meines Vaters zu durchkreuzen. Sie stritten sich ständig.

Zu dieser Zeit begann sie, jede Menge rezeptpflich-

[13]A. d. Ü.: Engl.: »Wir lieben den Geist in dir!«

tige Tabletten zu schlucken. Sie sehnte sich nach Griechenland, ihrer Heimat, ihrer Sprache, ihrer Familie und ihren Freunden, hatte jedoch nicht die Kraft, zu gehen. Sie war hin- und hergerissen zwischen diesen Dingen und dem Wohlstand und Ansehen, die mein Vater ihr bot. Deshalb floh sie in eine innere Welt. Ich wollte ihre Aufmerksamkeit wiedergewinnen, aber sie war weit weg und verließ oft ihren Körper. Manchmal kam sie in meinen Träumen als ihr wahres Selbst zu mir, als alte Heilerin, als meine griechische Schwester.

Ich liebte die Schwester meiner Mutter, meine Tante Anastasia, sehr innig. Sie war robust, unverblümt, liebevoll und unabhängig. Ich betete, daß meine Mutter entdecken würde, daß sie Anastasia ähnlicher war, als sie glaubte.

Als Helen, die griechische Schauspielerin nach Los Angeles kam, wußte ich, daß mein Leben kompliziert werden würde und daß ich einen bewußten Bruch mit meiner Mutter herbeiführen mußte. Helen und ich spielten Rollen, und ich war dankbar für ihre Lektionen. Sie war eine dramatische Schauspielerin, die meine ganze Welt sein wollte. Sie verlangte Aufmerksamkeit, Heilung und ständige Liebe, genau wie meine Mutter damals. Sie wollte, daß ich mich um sie kümmerte und ihren Traum von mir als ihr Liebhaber/Sohn lebte.

Ich löste mich emotional von ihr und erklärte ihr, daß ich kein Zimmer mit ihr teilen konnte. Sie schimpfte mich einen Teufel dafür, daß ich sie zurück nach Los Angeles gelockt hatte, das sie verlassen hatte, um ihrer Schauspielerkarriere in New York nachzugehen, und dafür, daß ich ihr Geld genommen hatte. Ich arbeitete fleißig in meinem Job, sah sie kaum und zahlte ihr das ganze Geld zurück. Ich sagte ihr, daß ich keine Beziehung mit ihr haben wollte. Sie packte ihre Sachen und verfluchte mich dafür, sie benutzt zu haben.

In Helen erkannte ich das verwundete, zurückgewiesene Weibliche in mir selbst. Ich wandte mich nach innen, führte einen Dialog mit meiner eigenen inneren Frau und begann, die Muster meiner Mutter loszulassen. Ich wurde mir mehr des verurteilenden Mannes in mir bewußt, des inneren Kritikers. Ich wurde langsamer und heilte mich selbst durch Introvertiertheit und Einsamkeit. Die Arbeit der nächsten Jahre bestand darin, den Schatten zu sehen und zu lernen, wann ich ihn einsetzen und wann ich klare Grenzen errichten mußte.

Acht

Reise in die Unterwelt

Die Traumarbeit nach C. G. Jung half mir dabei, mich auf die nächste Phase meiner Reise vorzubereiten. Ein Jahr nach meiner Trennung von den Schamanen hatte ich einen eindrucksvollen Traum:

Meine Mutter und ich stehen im Garten hinter dem Haus meiner Eltern und blicken auf den Swimmingpool. Es hat gerade einen wilden Sturm gegeben, und Blätter und Zweige liegen überall im Hof und im Bekken. Es sieht üppig und wild wie das Unbewußte aus.

Eine riesige Schildkröte kriecht an meiner Mutter vorbei und springt in den Pool. Ich wende mich meiner Mutter zu und sage: »Du bist nicht mehr länger meine Mutter. Ich werde nicht mehr bei dir bleiben. Ich löse mich von dir. Die Erde ist jetzt meine Mutter.«

Ich gehe auf das Becken zu und tauche hinein. Die Schildkröte schwimmt direkt auf mich zu. Sie ist riesengroß. Ich berühre das Muster auf ihrem Panzer. Dann schwimme ich unter ihrem Bauch, beschützt und geschützt unter Wasser.

Meine reale Mutter verkörperte nicht die archetypische Mutter. Mit diesem Traum hatte eine Energieübertragung zur Schildkröte, zur Mutter Erde begonnen, und ich fühlte mich unter ihr beschützt. Ich mußte mich von meiner realen Mutter lösen, damit ich aufhören konnte, meinen Vater mit ihren Augen zu sehen und ihn zu verurteilen. Die Zeit für mich war gekommen, zu einem Hüter der Erde zu werden.

Die Entfaltung der Farbenvielfalt meines inneren Mannes war der Schlüssel dazu. Während eines Besuchs in Taos in einer stürmischen Herbstnacht hatte ich den folgenden Traum:

Ich trage Milchflaschen mit Saugern auf dem Weg vom Haus meiner Kindheit zum Pfauenkäfig. Die Pfauen sind unterernährt und kurz davor, zu sterben. Ich füttere sie mit Milch und bleibe bei ihnen, bis sie fett geworden sind und vor Lebendigkeit strotzen. Als sie vor Farben sprühen und ich spüre, daß sie allein zurechtkommen, verlasse ich sie und mache mich auf den Weg zurück zum Haus meiner Eltern.

Es ist Herbst und der Boden bedeckt mit Blättern. In den Blättern sehe ich ein Elefantenbaby, das auf seinem Rücken umherrollt. Wir freunden uns an, spielen zusammen und toben in den gelben Blättern. Dann fällt mir ein, daß Elefantenmütter ihre Jungen sehr wild verteidigen. Mir wird klar, daß die Elefantenmutter mich töten wird, wenn sie mich hier mit ihrem Baby spielen sieht. Plötzlich kommt die Elefantenmutter und ist sehr beunruhigt. Anstatt wegzulaufen, spiele ich jedoch weiter – ich lache und füttere ihr Baby. Ihre Laune ändert sich, als sie sieht, wie fröhlich wir zusammen sind und wie gut ich mich um ihr Kind gekümmert habe. Sie akzeptiert mich als Familienmitglied. Danach verlasse ich das Haus meiner Eltern und lebe bei den Elefanten.

Dies war ein Traum über die Entwicklung unterschiedlicher Aspekte meiner selbst, wie die verschiedenen Farben eines Pfauen. Es war an der Zeit, Farbe zu bekennen. In meinem Traum hatte ich eine neue, instinktive innere Familie gefunden, die mich mit der sprichwörtlichen Elefantenweisheit wirklich lieben konnte. Ich versuche, Träume nicht zu analysieren, sondern statt dessen bei den Bildern zu bleiben. Indem ich die Bilder in mir trage, sie male oder darüber schreibe, gewinnen sie an Kraft und Bedeutung. Auf diese Weise hallen die Bilder in tieferen Erkenntnisebenen wider, die von der Interpretation oft genommen werden. Das Verweilen bei dem Bild bringt die Gefühlstiefe und schließlich die Integration.

Wie schon erwähnt, hielt mein Vater als ich ein Kind war in einem großen Vogelhaus, Mandarinenten,. Wenn sie sich kreuzten, hatten sie manchmal Küken, die blind waren. Eines Nachts ging ich zum Entenkäfig und verhielt mich sehr ruhig. Die sehenden Enten mieden mich, aber eine blinde Ente, die ihrem Gefühl folgte, fand schließlich ihren Weg auf meinen Schoß und setzte sich dort. Ich fühlte, daß ich die blinde Ente war, daß ich mich vom Kollektiv unterschied und eine Art genetische Blindheit besaß, die in meinem Blut strömte. Ich blieb die ganze Nacht auf und streichelte die Ente, während ich die Wunden meiner Kindheit spürte.

Als Erwachsener kehrte ich zu diesen Käfigen zurück, um meine Seele in Träumen zu heilen:

Ich bin ein Vogel in den Vogelkäfigen meines Vaters. Mein Vater und meine Mutter stehen vor dem Käfig und blicken mich an. Nach vielen Tagen öffnet mein Vater die Käfigtür – zuerst ein wenig, schließlich ganz. Ich weiß nicht, ob es sicher ist, den Käfig zu verlassen.

Eines Tages gehen meine Eltern, und die Tür ist weit offen. Ich verwandele mich in eine Singdrossel und fliege hinaus. Meine Seele ist frei. Ich muß niemals mehr zurückkehren.

Meine Seele mußte befreit werden, um die Natur zu

entdecken. Die Singdrossel der Freude – das Bild meiner Seele – ergriff die Flucht. Es waren meine inneren Eltern, die mir dazu die Erlaubnis gaben. Später, als meine Eltern aus dem Haus meiner Kindheit ausgezogen waren, ließen sie tatsächlich die restlichen Vögel frei. Nach meinem Traum kam eine Frau zu meinem Haus und ließ einen leeren Vogelkäfig mit einem Nest darin zurück. Seine Tür steht immer offen.

Als ich 1988 zurück nach Santa Fe zog, um die Wiederkehr des Saturns in meinem Horoskop zu erleben – die Zeit der Disziplin, der Verantwortung und der Berufung –, kam eine Singdrossel zu meinem Haus geflogen. Der Vogel schlug immer wieder gegen meine Fenster und kämpfte mit seiner Spiegelung im Glas. Er war voller Testosteron und nahm sich selbst als Gegner wahr. Während ich Heilungssitzungen gab, flog der Vogel tagelang gegen die Fenster. Ich lief nach draußen und verscheuchte ihn, aber immer kam er nach einigen Minuten wieder.

Schließlich ging ich nach draußen, um mit dem Vogel zu sprechen. Er sagte mir, daß ich mein Selbstbild, den Spiegel meiner Männlichkeit, bekämpfen würde. Ich mußte aufhören, den Mann in meinem Innern, die Spiegelung meiner Seele, zum Duell herauszufordern. Ich mußte den Spiegel der kollektiven Normalität zerbrechen und meinen Schatten integrieren.

Am nächsten Tag baute die Drossel ein Nest im Briefkasten. Sie hatte mir die Lektion meines neuen Zuhauses und meiner zukünftigen Arbeit mitgeteilt. Sie hatte mir gesagt, daß ich Männern und Frauen dabei helfen würde, ihrem kriegsähnlichen Schatten entgegenzutreten und ihn in ein kreatives Feuer zu verwandeln.

Während dieser Zeit erhielt ich von einer Freundin die telefonische Einladung, nach Bimini auf den Bahamas zu fliegen und dort mit Delphinen zu schwimmen. Ich hatte schon lange Zeit mit Delphinen telepathisch kommuniziert und ihre Botschaften der Wiedergeburt gehört, war jedoch noch niemals physisch in ihrer Nähe gewesen. Jetzt war es Zeit, in das Unbewußte einzutauchen und zu hören, was sie mir aus der Nähe zu sagen hatten.

Bimini besteht aus zwei Inseln, die 100 Kilometer westlich von Miami liegen. Man sagt, daß Atlantis dort begraben liegt. Ich fühlte mich in Höhe des Meeresspiegels schwer, warm und als ob ich mich unter der Erde befände. Meine Psyche füllte sich mit Träumen aus der Unterwelt. Ich wollte dort sein, wo sich die Bergflüsse in den Tälern sammelten. Meine Freundin und ich verbrachten jeden Tag im Wasser. Wir schnorchelten, tauchten und ließen uns vom Ozean tragen. Es war ein Erlebnis, das mich an meine Gebärmutter erinnerte.

Wir waren nach Bimini gekommen, um mit den Erinnerungen von Atlantis Kontakt aufzunehmen und mit der ätherischen Pyramide von Bimini zu kommunizieren. Wir entspannten uns in mit Radon gefüllten Wasserbecken, gingen zu dem sogenannten Jungbrunnen und berührten die Ruinen einer atlantischen Mauer. Wir meditierten, lasen Bücher, träumten und sprachen mit den Torwächtern von Atlantis.

Wir fingen an, uns daran zu erinnern, daß wir in anderen Leben Delphine gewesen waren. Wir hatten auch in einem Tempel in Atlantis gearbeitet, mit Delphinen gesprochen und das Leben in einer Delphinenherde kennengelernt. Während unseres Aufenthalts in Bimini hörte ich von einer Legende von goldenen Delphinen – wie ihr Bewußtsein die Menschheit durchdrungen hatte. Das Sternbild Delphinus war eine ihrer Heimatorte, ein Ort der Ruhe, der Introvertiertheit und der Freude.

Während meine Freundin und ich sowohl mit Delphinen in Gefangenschaft als auch in der Wildnis schwammen, liebkosten sie unsere Körper und sandten ihr Echo durch unsere Zellmembranen. Es ist eine unglaubliche Erfahrung, wenn Delphine dir ihre Schallwellen durch den ganzen Körper senden, durch dich hindurch singen und atmen. Sie bombardierten uns mit Sinneseindrücken und erzeugten Wände aus holografischen Klangbildern.

Delphine sind außerdem sehr sinnliche Geschöpfe. Sie schmiegten sich mit der Schnauze an meine Brust und meine Oberschenkel, atmeten Töne durch die Poren meiner Haut und veränderten sogar meinen Herzschlag. In ihrer Gegenwart lernst du, das Wasser nicht zu fürchten, sondern dich statt dessen dem Geist der Spielfreude hinzugeben.

Mein Wachbewußtsein war von meiner Erfahrung mit den Delphinen überwältigt, und es brauchte lange Zeit, um sich zu erholen. Lange nachdem ich nach Santa Fe zurückgekehrt war, erhielt ich noch unterbewußte Eindrücke von den Delphinen. Bilder des Hinuntersteigens – in das Unbewußte, in die Unterwelt – blitzten vor meinen Augen auf. Dann begann ich zu sterben. Ich gab einfach auf zu leben. Mein Lymphsystem bereitete mir starke Schmerzen, wie ein Krebs, der mich auffraß. Ich konnte nicht mehr länger arbeiten. Ich fühlte mich lustlos und gelähmt.

Alle meine Geistführer schienen mich verlassen zu haben. Ich bat um ein Wunder, aber nichts geschah. Ich fühlte, daß ein Boot kam, um mich abzuholen. Ich wollte im Wasser sein, frei wie ein Delphin leben. Was hatten die Delphine getan, um dies zu aktivieren? Ich hatte keine Antworten und erlebte Wellen der Tränen. Ich weinte wochenlang. Ich fühlte mich vollständig leer, als ob ich nichts wüßte. Irgendwie mußte ich zu den Delphinen zurückkehren.

Dies war meine dunkle Nacht der Seele. Jahre der extrovertierten Aktivität liefen vor meinen Augen wie Wachträume ab. Ich sah den Whale Rock im Topanga Canyon außerhalb von Los Angeles, einen heiligen Ort, der von meinem früheren Zuhause zu Fuß erreichbar war. Ich hatte dort in den Höhlen gesessen und mit den Hütern der Aufzeichnungen über die Geschichte der Erde gesprochen. Ich hatte Raumschiffe aus anderen Welten gesehen, Raumschiffe die organisch und lebendig waren, und wie Viren durch das All schwebten. Ich hatte geweint, als ich sah, daß niemand dort den Abfall aufhob. Die Leute achteten die Heiligkeit des Ortes nicht mehr länger. Direkt daneben wurden Häuser gebaut. Hatte ich in meiner Pflicht versagt, diesen Ort mit Liebe zu umgeben?

Ich sah Joshua Tree und all die Nächte, die ich dort in Felstempeln im Gespräch mit den Sternen verbracht hatte. Ich hatte die Sternbilder kennengelernt und Reptilwesen gesehen. Sie waren freundlich gesinnt und erklärten, daß sie von dem zwölften Planeten im Sonnensystem zurückkehrten. Viele von ihnen hatten sich in früheren Epochen in menschlichen Körpern inkarniert. »Folge deiner Freude«, war ihre Botschaft. »Sei nicht so kontrollierend, wie wir es einst waren.«

Ich nahm die Gesichter von Hunderten berühmter Menschen wahr: Schriftsteller, Künstler, Freunde, mit denen ich in Los Angeles gearbeitet hatte. War ich dabei, meine Zeit dort abzuschließen? Ich sah Bay Island, einen Hafen für Millionäre vor der Küste von Newsport Beach. Eine Freundin aus Aspen hatte mich gebeten, mich in ihr Haus dort zurückzuziehen, um ein Buch zu schreiben. Ich las über gestörte Familiensysteme und Mutterkomplexe und fand in den Gedichten von Rumi und Rilke Trost, während ich beobachtete, wie Tauben draußen vor meinem Schlafzimmerfenster ihre Jungen zur Welt brachten. Dies war ein wichtiger Schritt für meine Rückkehr nach Santa Fe.

Dann hatte ich blitzartige Eindrücke aus den letzten paar Monaten: Reisen nach Hawaii, Baden unter Wasserfällen, Kahuna-Schamanen, die Lavaströme umkehrten. Ich erinnerte mich daran, wie Pele, die hawaiianische Göttin des Feuers und der Fruchtbarkeit, meinen Hals gestreichelt und mir von ihren Liebhabern, den Vulkanen und ihren Zufluchtsorten auf den Plejaden und in den Vulkanen auf der Insel Hawaii erzählt hatte. Ich hatte in geheimen Pools auf Maui gebadet und war auf dem alten Kahuna-Pfad in den Haleakala-Krater hinabgestiegen. Meine Chakras waren auf dem Boden des riesigen Tales aufgegangen. Haleakala war eine Pforte zur Inneren Erde.

Weiße Eulen hatten dort als Botschafter der Traumzeit ihre Kreise gezogen. Die Kahunas sagten, daß in diesem Tal Silberblumen von den Plejaden wachsen würden. Ein tibetanischer Lama auf Maui hatte meine Freundin und mich umarmt und festgehalten. Die anderen Leute waren verblüfft. Sie hatten ihn niemals jemanden berühren sehen. Wir hatten in einem Heiligtum auf dem Kristallpfad des Dzogchen, der tibetanischen buddhistischen Praxis der Klarheit und Transzendenz, meditiert. Wir hatten die Gegenwart der Göttinnen, der Dakinis, und der Frauen des Schutzes und des Lernens gespürt. Wir waren von tiefer Liebe umgeben.

War all das eine Vorbereitung für meinen Abstieg in die Unterwelt gewesen? Meine langjährige Künstlerfreundin Mirtala kam mir blitzartig in Erinnerung: wie sie Skulpturen aus rotem Fels anfertigte und mit Engeln und Devas kommunizierte. Wir waren auf der Autobahn in Albany, New York, unterwegs gewesen. Plötzlich hatte es einen Zeitsprung gegeben, und wir befanden uns auf der gegenüberliegenden Straßenseite und fuhren in die entgegengesetzte Richtung. Wir hatten uns wieder gefaßt und die erste Ausfahrt von der Autobahn genommen. Während wir wieder zurück in Richtung Albany fuhren, erschien ein riesiger Regenbogen über der Straße. Wir hätten diesen Regenbogen verpaßt, wenn wir nicht »umgeleitet« worden wären.

Ich sah, wie ich in die Unterwelt eintrat. Ein Bootsmann gestikulierte mir, näher zu treten, und ich erblickte den Fluß Styx. Ich ließ die letzten Erinnerungen meines Erdenlebens Revue passieren, einschließlich all der Menschen, denen ich Sitzungen und Ratschläge gegeben hatte. Ich spürte, wie sie Kraft und Freude erhielten. Tausende von Menschen hatten mein kurzes Leben berührt. Das Gefühl der Gemeinschaft war überwältigend.

Jetzt kehrte das Wasser in meinen Venen zu seiner Quelle zurück. Die Schöpfung schien sich in reines Licht aufzulösen. Ich wurde immer durchsichtiger. Ich sah, wie die Schamanen lächelten. Sie sagten mir, daß meine Erfahrung mit ihnen ein Übergangsritual vom Jüngling zum Mann gewesen war. Es war ein Ritual wie in einer Stammesgemeinschaft gewesen, um mir beizubringen, Verantwortung für meine Handlungen zu übernehmen. Ich mußte sie nicht mehr länger für das verurteilen, was sie getan hatten. In diesem langen Moment dankte ich ihnen und vergab ihnen. Danach vergab ich mir selbst. Das war die letzte Bewertung, sozusagen mein inneres »Jüngstes Gericht«.

Ich bewegte mich in einer Spirale nach unten. Alle meine sexuellen Phantasien schwirrten durch mein

Gehirn. Ich sah, wie ein homosexueller und ein heterosexueller Mann als Brüder eine Straße entlanggingen und ihre Verschiedenartigkeit feierten. Ich hörte einen Erzähler sagen: »Es ist herrlich, ein Mann zu sein, und du brauchst deine Sexualität nicht zu benennen. Es ist der Sinn der Männlichkeit, deinen Bruder zu lieben und seine Rechte zu verteidigen. Laß deine Homophobie los, und laß deine Stimme ertönen. Männer werden schon bald in Gruppen zusammenkommen und Kreise des Wissens bilden. Männer werden lernen, einander wieder zu lieben und zu nähren.«

»Höre auf die Anweisungen der ursprünglichen Schöpfung und strecke deine Hand nach deinem Vater aus«, sprach die Stimme weiter. »Diese Reise ist für euch beide gedacht. Liebe und umarme ihn. Es ist das Ende eurer gemeinsamen karmischen Vergangenheit. Er war einst dein Liebhaber, als du eine Frau warst. Er war ein mächtiger Mann in Atlantis. In Bimini hast du eine zwanghafte Erinnerung und viele Urteile über ihn losgelassen. Dein Vater ist jetzt frei, seine eigene Wandlung zu durchleben.«

Diese innere Stimme bereitete mich auf die spätere Arbeit mit Männern vor, die ich tun würde. Es war ein Ruf nach dem wilden, fühlenden Mann in meinem Innern. Als ich tiefer in den Tod sank, sah ich Krishnamurtis Gesicht. Er liebte mich wie einen Sohn. Er verließ seinen Körper unter Krämpfen und mit Schmerzen in der Bauchspeicheldrüse. Er nahm meine Hand und sprach zu mir: »Sei nicht bitter. Wir sind alle Lehrer der Welt. Beobachte deinen Verstand, aber fühle auch, und lebe ein menschliches, empfindsames Leben.« Mein Gesicht wurde blaß und ausdruckslos, als er die letzten wenigen Worte sprach. Ich wollte die Geschenke finden, die in dieser Depression lagen.

Während ich diesen Gedanken losließ, sah ich mich selbst als ägyptischen Tempeltänzer, der die Bewegungen der Sterne tanzte. Ein Priester und eine Priesterin bereiteten meinen Körper auf die Reise zur Unterwelt vor. Sie legten mir Schlangen in die Hände, und die Schlangen bissen mich in meine Arme. So würde ich Visionen bekommen.

Ich sah meinen Abstieg durch mythische Geschichten. Ich sah, daß Maria Magdalena eine Priesterin in Ägypten war, und war Zeuge ihrer Vorbereitung für ihr Hinabsteigen zur Hochzeit mit Christus. Ich sah den sumerischen König Gilgamesch, wie er hinabstieg, um seinen Freund Enkidu zu finden, der zu seiner Verteidigung gestorben war. Ich erkannte, daß diese bewußte Einweihung einen Zweck hatte: meine Seele und die Seele meines Vaters zu erlösen.

Ich wurde von Anubis, dem schakalköpfigen Hund, begrüßt, der die Toten zum Gericht führt. Hunde und Schakale starrten mich schweigend an und ließen mich in das innere Heiligtum passieren. Ich gab dem Fährmann einige Münzen. Er führte mich zu einer Gondel. Wir trieben mühelos auf dem goldenen Wasser.

Massive Skulpturen verfielen zu Ruinen, während wir daran vorbeifuhren. Ich sah Säulen, die von dem dicken goldenen Wasser unter dem Boot überschwemmt waren. Wir fuhren zu einer Insel. Ich dachte an die Feendame in Tennysons Gedicht »The Lady of Shallot«, die in ihrem Boot an Camelot vorbeifährt, während sie stirbt. Ich sah in einiger Entfernung, den Tor von Glastonbury der mich daran erinnerte, daß ich diese Reise viele Male zuvor unternommen hatte.

Inanna, die sumerische Göttin, nahm mir die Kleider ab, als wir ankamen. Sie erklärte mir, daß ich vierzehn Schleier, nicht sieben tanzen würde. Sie fing an, meine feinstofflichen Körper von mir abzunehmen, und weihte mich in die männlichen und weiblichen Mysterien ein.

Meine Haut fiel von mir ab. Ich war nackt und glühte wie eine Kugel aus goldenem Licht. Ich fühlte mich zufrieden und selbstgenügsam. Pluto, der griechische Gott der Unterwelt, kam zu mir und berührte meine Schulter, und ich spürte, wie eine kalte Transformation vor sich ging. Die Wände des Tempels – oder war es ein Mausoleum? – waren mit Tarotbildern verziert. Ich hörte, wie sich in Räumen an den Seiten Derwische in perfekten Kreisen drehten.

Dann wandte sich Pluto zu mir und sagte: »Ich bin gekommen, um dir Osiris' Körper zu zeigen. Dies wird deine nächste Arbeit sein. Du bist hier im Land der Mitternachtssonne. Diese Sonne wird jetzt in dir aufgehen. Wie oben, so unten. Sieh dir Ren, die innere Bedeutung von Namen, an. Thoth wird deinem Herzen weitere Mysterien von Ren beibringen. Gib die Magie und den Schamanismus auf, und schließe dich einer Gemeinschaft Gleichgesinnter an. Dein Leben wird über die Vergangenheit, über Einweihungen zu einem Gruppenbewußtsein hinausgehen. Mögest du mit anderen Bescheidenheit und Achtung für die Menschheit teilen und mögest ihr einander gleich gut kennenlernen. Du hast dich in anderen Leben lange Zeit auf diesen Moment vorbereitet.«

Ich sah die Berge der Unterwelt. Ich war hierhergekommen, um Gold zu finden – Lektionen in der Verjüngung des Körpers, der Verwandlung der Zellen, des Gewebes, des Astralkörpers. Letztlich würde es auf der Erde große Verjüngungszentren und Heilergemeinschaften geben.

»Werde langsamer«, sprach eine Stimme. Ich spürte, wie Wurzeln tief in einen Berg bis zum Mittelpunkt der

Erde drangen. Ich hörte eine Liste der Lektionen der Einweihungsaktivität: Konfrontation des Schattens, Erlernen der Multidimensionalität ohne Fragmentierung der Psyche, Lösen vom Sonnensystem im Lichtkörper, Passicren des Zeit-Raum-Kontinuums mit Leichtigkeit und Urteilsvermögen, Sehen der Essenz als Identität, Shapeshifting[14], Erkennen von und Kommunizieren mit Engeln und Devas und so weiter.

Ich sah, wie die Menschheit in Träumen eingeweiht wurde, um mit Hilfe von Kindern und bewußten Erwachsenen eine neue Welt zu träumen. Alles auf der Erde wurde lichtdurchlässig, das Göttliche durchdrang unser weltliches Leben. Ich sah, wie Kometen große alarmierende Veränderungen auf der Erde hervorrufen würden. Ich sah, wie im Jahr 2012 ein heller blauer Stern am Himmel leuchten würde. Das neue Jahrtausend würde voller Überraschungen sein: Erdbeben, eine Rückkehr zu den traditionellen Weisen und eine stark erhöhte Fähigkeit, Licht in unsere physischen Körper aufzunehmen.

Ich hörte folgendes in meinem Herzen: »Du klärst gleichzeitig Vergangenheit und Zukunft. Es gibt keine Zeit. Deine Psyche wird durch eine Erweiterung ihrer Basis geheilt. Heiße Osiris, die Sonne, willkommen. Er ist der neue Mann, der in dir geboren wird.«

Dann wurde mir ein holographisches Schauspiel gezeigt. Osiris stand vor mir. Er wurde überlistet, sich in einen Sarg zu legen, getötet, zerrissen, und seine Teile wurden wie Getreide verstreut. Isis und Thoth setzten die Teile wieder zusammen und brachten ihn in die Unterwelt.

Dann sah ich die Geburt des Horus und eine Gene-

[14]Anm. d. Ü.: Engl. »Verändern der Form«, schamanische Kunst, sich in andere Menschen oder Tiere zu verwandeln

ration von Söhnen, die zurückkehrten, um ihre Väter zu erlösen. Ich sah, wie Horus Seth besiegte, sein inneres wildes Tier, und seinen Schatten erlöste. Dann erlebte ich, wie Osiris wieder zum Leben erwachte und seinen Sohn umarmte. Er drehte sein Gesicht stolz zu mir. Er hielt meine Hand, und eine Sonne ging in meiner Seele auf. Er stieg in meinen Körper hinein, und ich wurde zu einem Hologramm des Gottes.

Nach diesem Ritual war ich verwirrt. Ich verstand es noch nicht, aber ich hatte mich verändert. Ich wußte nicht, wie sich das auf mein tägliches Leben auswirken würde. Wo waren Osiris und Horus? Warum waren sie mir erschienen? Was war die Botschaft, die ich anderen mitteilen sollte? Dann sah ich mein höheres Selbst tot in einem Sarg liegen. Ich erkannte, daß ich ohne diese feminine Kraft verloren war. In meiner Trauer zerstükkelte ich meinen Körper und gab mein Ego auf. Mein Blut tropfte auf die Kleider meines höheren Selbst und erweckte diese weibliche Kraft wieder zum Leben. Sie setzte mich auf eine neue Weise als neuen Mann zusammen.

Ich stieg aus der Unterwelt wie die Aurora Borealis, die Aura der Erde, auf und reiste von der Inneren Erde über den Nordpol zu Alcyone in den Plejaden. In einem schimmernden brandneuen Körper legte ich die Reise mit Leichtigkeit zurück.

Dann befand ich mich in einem Amphitheater, das wie eine riesige Muschel aussah. Ein holographisches Bild wurde dort so projiziert, daß es für alle sichtbar war: das Bild eines Phönix, der mit Feuer in seinen Augen und Schwingen aus der Asche steigt.

Ich fragte eine Frau neben mir: »Was bedeutet das?« Sie lächelte und sagte: »Du wirst neu geboren. Du kannst jetzt zu den Sternen zurückkehren. Wende dich dem Stier zu.«

Der Stier waren die Plejaden. Jetzt befand sich das Hologramm eines Stiers vor mir, und ich wurde zu einem Teilnehmer des Schauspiels. Ich stand vor einem kretischen Irrgarten, einem Labyrinth des Verstands. Ich wußte, daß der Stier ein Hologramm war, deshalb hatte ich keine Angst. Ich berührte den Kopf und die Hörner des Stiers, und streichelte dann seinen Körper. Er verschlang mich vollkommen. Mein Körper wurde mit Licht erfüllt. Dann hörte ich: »Der Stier ist dein Vater. Du wirst eins mit deinem Vater werden. Du kannst jetzt mit offenem Herzen zur Fünften Welt, der Welt der Blumen, heimkehren.«

Dann kamen Rabe, Eule, Elch, Delphin, Frosch und Gürteltier – alle meine Totemtiere –, um mich zurückzuholen. »Die Welt der Blumen öffnet sich in deinem Herzen mit großer Liebe und starkem Mitgefühl«, sagte eine Stimme. Ich sah die Mitternachtssonne aufgehen und Strahlen durch meinen Körper schicken. Ich wurde zu dieser Sonne, und von meinem Körper ging Licht aus. Meine Tierführer brachten mich zurück zu dem Zentrumskristall im Innern der Erde, und ich sah, wie mein Diamantkörper eine weitere Facette erhielt. Ich glänzte in einer neuen silbernen und durchscheinenden Rüstung. Ich war die Sonne, und die Sonne war in meinem Innern.

Ich wurde mit einem Diamanten in meiner Hand sanft in meinen auf dem Bett liegenden Körper zurückgeschickt. Der Raum schien wie vorher zu sein. Ich war schweißgebadet und hatte sehr hohes Fieber. Mein Homöopath saß neben mir und verabreichte mir Medikamente. »Es sah nicht gut für dich aus. Ich glaubte schon, dich verloren zu haben.«

Ich war an einem hohen Fieber »gestorben«. Wie

lange war ich bewußtlos gewesen? Drei Tage? Drei Stunden? Warum erinnerte ich mich an alles so deutlich? Ich hörte meine Intuition zu mir sagen: »Du hast mit deinem Bruder, dem Tod, dem dunklen Herrn, Freundschaft geschlossen. Du bist zurückgekehrt, um etwas zu lehren. Wir mußten dir diese Lehre auf einmal erteilen. Führe jetzt ein einfaches Leben. Das Drama ist vorbei. Deine Genesung wird schnell vor sich gehen.«

Mein schmerzender Körper war von Dankbarkeit erfüllt. Ich dankte den Sternen, Großmutter Erde, Großvater Himmel, den Delphinen, meinen Verbündeten und sogar dem Tod, der jetzt zu einem Freund geworden war.

Ich erzählte niemandem, was ich durchgemacht hatte. Es war wichtig, diese Dinge für mich zu behalten, innere Stärke zu entwickeln und die Visionen nicht zu schnell wegzugeben. An jedem Tag meiner Genesung stellte ich mir vor, Wurzeln tiefer und tiefer in den Boden, in die Psyche zu schicken. Ich fühlte mich, als wenn ich mit Erde, Schlamm und Blattern bedeckt wäre. Mein Körper fühlte sich fester und kompakter an, meine Knochen größer und stärker.

Meine Seele sprach zu mir: »Du hast die vierzehn Schleier des Osiris gelebt und dein göttliches Selbst enthüllt. Teile dies mit anderen, und werde später Teil einer Gemeinschaft.« Ich stürzte mich mit einer neuen Lebenslust in meine Arbeit und neue Freundschaften.

Ich fing an, Trommeln und Rasseln zu bauen. Ich sah während ich arbeitete, Großmütter und Großväter neben mir sitzen, und mir Anleitung geben. Ich sammelte Hunderte von Federn, Steine von Ameisenhügeln und sprach mit den Ameisenleuten. Sie sagten: »Dein Zuhause ist jetzt voller Geister, und sie sind weise, wohlwollende Verbündete. Halte die Feuer lebendig. Laß sie hell scheinen, damit alle sie sehen können.«

Meine Arbeit veränderte sich dramatisch. Meine Stimme wurde tiefer und füllte sich mit Autorität. Ich begann, Menschen in Tod- und Wiedergeburtsrituale zu führen. Ich ließ Klienten zwei Stunden lang in einem kreisförmigen Rhythmus atmen, während ich ihre Mediane ausrichtete. Ich sang durch die Fasern ihre Montagepunkte und bewegte die Energien wie einen Strom zu ihrer Quelle zurück. Während ich den Körper jeder Person untersuchte, fielen mir Methoden zu Heilung mit Klängen ein.

Nach intensiver Körperarbeit und dem Lösen alter Muster durch tiefes Atmen erlebten viele Menschen eine spontane Geburtserfahrung. Ich hielt ihre Brust, während sie mit den Wehen begannen. Nachdem der Geburtsvorgang abgeschlossen war, führte ich sie zu ihrem Tod. Ich wickelte ihre Körper wie Mumien in Decken und spürte, wie sie auf die Reise gingen, während ich für sie sang. Ich sang die Lieder, die ich während meines eigenen Nahtoderlebnisses gehört hatte. Als das letzte Lied verklungen war, wickelte ich sie aus ihren Hüllen. Die vierzehn Schleier wurden gelüftet, und jede Person war neu geboren.

Die Menschen weinten in meinen Armen, fühlten sich voll und leer und zum ersten Mal in ihrem Leben tief gereinigt. Mit ihren weit geöffneten Augen sahen sie aus wie Kinder. Ich machte sie wieder mit der Erde bekannt und setzte sie in der Nähe eines Medizinrades auf den Boden. Eine zweite Form der Arbeit entwikkelte sich. Ich führte Menschen durch ihre eigenen Seelenaufzeichnungen, um die Hologramme der Vergangenheit zu vervollständigen. Ich bereitete sie vor, indem ich ihnen erklärte, wie sie sich die Öffnung ihrer

Zirbeldrüse vorstellen und dort ein Dreieck visualisieren sollten. Dann reinigte ich alle ihre Chakras und ließ sie in ihren Körpern bleiben, während sie sich auf die Reise machten.

Während dieser Reisen sahen sie ihre vergangenen Leben, warum sie auf die Erde gekommen waren, ihre Zukunft in diesem Leben und ihr nächstes Leben. Wir reisten zurück zur Schöpfung zum Beginn der Zeit, wo sie sich mit ihren höheren Selbsten sowie ihren mittleren und unteren Selbsten, Führern und Lehrern verbanden. Viele besuchten Bewußtseinszustände zwischen Inkarnationen. Ich stellte mir vor, wie ihre DNS sich von einer zweisträngigen Spirale zu einer zwölf- und mehrsträngigen Spirale veränderte. Jeder fühlte die Ewigkeit, ein Verschmelzen mit der Zukunft und die Verbindung zwischen Träumen und allen Lebewesen.

Hunderte von Menschen kamen zu diesen Sitzungen. Viele waren in ihrer visuellen Wahrnehmung bereits fortgeschritten, während andere Anfänger waren. Ich fühlte mich privilegiert und durch ihr Vertrauen beschenkt. Mein Zuhause füllte sich mit Geschenken. Ich baute 19 Altäre und zahlreiche Schreine und Medizinräder. Die Leute kamen von überall auf der Welt zu mir. Ich mußte mich darauf konzentrieren, klar, zentriert, einfach und gewöhnlich zu bleiben.

Ich begann, *Ren*, die ägyptische Wissenschaft, aus dem Namen einer Person Aspekte der Seele zu lesen, zu studieren. Gälisch, Sanskrit, Runenüberlieferungen, mythische Namen und Ahnentafeln wurden zu meinen Fachgebieten. Ich horchte auf die Geschichten und die Tiefen der Seele einer Person in ihrem Namen. Ich gab drei Stunden dauernde Einzelsitzungen, die allein auf der Bedeutung von Namen beruhten.

Während dieser Sitzungen sannen wir mit Hilfe von

Poesie, Notizen und tiefgründigen Fragestellungen über die Bedeutung unserer Leben nach. Wir teilten dabei eine große Nähe. Der Geschichtenerzähler, der Heiler und der Anführer in jedem Menschen kamen wie ein Künstler zum Vorschein. Ich teilte alle meine Lebenserfahrungen von Seele zu Seele und überwand den Widerstand meiner Klienten, mit ihrem Selbst zu verschmelzen. Es war eine lohnende Arbeit, und ich fühlte mich berufen und gut darauf vorbereitet.

Dann kamen die Geschenke. Ich konnte kein Geld für meine Arbeit verlangen und wurde dennoch großzügig belohnt. Es war mir wichtig, vorbildhaft zu leben und nicht zuviel zu reden. Ich lernte, in einer Stille zu leben, die über den Tod hinausgeht.

Teil 2

Lehren

Neun
Krebs

Einen Monat nach meinem Nahtoderlebnis erhielt ich einen Anruf von meinem Vater. Bei ihm war Krebs diagnostiziert worden, und er würde in Kürze mit der Chemotherapie beginnen. Während ich meine Saturn-Wiederkehr durchlebte, erfuhr auch mein Vater eine Transformation. Der Saturn repräsentiert Disziplin, Struktur und Gesetz. Die Strukturen der Männlichkeit in unserer beider Leben veränderten sich zur gleichen Zeit. Dies war das letzte karmische Geschenk meines Vaters an mich.

Ich wollte den Krebszellen im Körper meines Vaters zuhören und den Ursprung dieser Krankheit verstehen. Ich stellte mir vor, in meine genetische Abstammung, die Erinnerungen meiner Vorfahren aus der Vergangenheit, einzutreten, um die Wurzeln der Krebserkrankung zu begreifen. Während ich dies tat, begann die Krankheit selbst, zu mir zu sprechen. Krebs entwickelt sich dann, wenn wir einer Autorität außerhalb unser selbst folgen oder uns vollkommen mit unserer Arbeit identifizieren. Das Leben der Seele verliert bei einer reinen Arbeitsmentalität den Vorrang gegenüber dem kollektiven Verstand. Aber während die Lichtresonanz in unserem Körper größer wird, müssen sich die alten Ideen von Arbeit und Identität ändern. Eine Krebserkrankung rät uns, langsamer zu werden, mit der Arbeit aufzuhören und Gefühl und Fürsorge in den Körper zu bringen.

Wie kann dies geschehen? Zuerst müssen wir den Glauben loslassen, daß wir von unseren Gefühlen getrennt existieren. Gefühle sind ein echtes Barometer für das innere Leben, das unterdrückt wird. Dann müssen wir unsere Arbeit zu einem Dienst voller Mitgefühl machen. Wir haben vielleicht unsere Essenz an eine Arbeitsmoral, eine Organisation oder einen überholten kollektiven Glauben abgegeben. Es kann sein, daß unsere Seele versucht, uns langsamer zu machen, damit wir das Leben schätzen lernen und die Trauer über die Vergangenheit und schließlich die Freiheit der Selbstliebe spüren.

Die Zerstörung von Gewebe und der Verlust von Schutzfeldern um den Körper herum werden immer durch Angst verursacht. Wenn die Angst kommt, vergessen wir, daß wir immer beschützt sind. Wir verlieren das Gefühl, ein wichtiger Teil der Schöpfung zu sein. Wir vergessen, unsere Körper und die Schönheit und Einfachheit des Menschseins zu lieben. Manchmal hängt dies mit der Geburt zusammen, wenn eine Mutter aufgrund ihrer eigenen Ängste nicht in der Lage ist, ein Baby wirklich zu nähren.

Ich erinnere mich an die Angst meiner eigenen Mutter bei meiner Geburt – an die überstürzte Fahrt in das eine halbe Stunde entfernte Krankenhaus, und daran, wie sie mich in die Gebärmutter zurückpreßte, bis sie mich gebären konnte. Ich erinnere mich an den Schlag auf den Rücken, das Luftschnappen und daran, wie ich schnell in einen Laborraum gebracht wurde, wo man mir einen Saugschlauch aus Kunststoff in den Mund steckte. Ich spürte keinen Kontakt mit meiner Mutter, keine warme Brust, kein langsames Eintauchen in Wasser, keine Sicherheit. Das Leben war schnell, gefühllos und grausam und steril. Eine Geburt wie diese ist ein tiefer Betrug an der Seele eines Kindes.

Der Glaube, der meiner Seele bei meiner Geburt eingeimpft worden war, bestand darin, daß das Leben ein Überlebenskampf war: Stoßen, Rammen, Hetzen, ohne Nachdenken oder Blick nach innen. Ich mußte aufrecht und rigide bleiben und durfte nicht zu tief atmen, egal, was kommen würde. Die Idee bestand darin, das Leben zu kontrollieren, um einen Mangel an Geld, Nahrung und Liebe zu vermeiden.

Der griechische König der Mythologie Ödipus mußte seine Augen verlieren, um Einsicht zu gewinnen. Wir müssen unsere Gefühle und all die Schmerzen anerkennen, die wir mit Vernunft und Intellekt unterdrücken. Der Krebs lehrt uns, uns einer größeren Perspektive hinzugeben – einer Transformation dieses verlassenen Kindes, dessen Seele nicht gesehen oder gefeiert wurde, um ihm seine Kraft zurückzugeben.

Unser Bedürfnis danach, das Leben zu kontrollieren, zerstört die Integrität unserer Zellen, läßt sie kämpfen und uns verwüsten. Die Manipulation anderer Menschen, sie zum Fühlen zu bringen, ist ein fehlgeleiteter Einsatz unseres Willens und hat unserem individuellen Geist unendlich geschadet. Wir Menschen sind vom Leiden abhängig geworden. Leiden ist einer der wenigen Wege, mit denen wir heute fühlen können.

Aber es gibt noch andere Wege, um zu fühlen: Durch eine intime Beziehung zu unserem eigenen Körper und zu einander. Für Männer ist dies eine Verwandtschaft mit dem kreativen Männlichen in Form von Eros. Frauen müssen ihre vergrabene Kreativität finden und sich erlauben, sich schön, sinnlich, impulsiv zu fühlen und ihre eigene Lebenskraft zu leben. Rainer Maria Rilke sagt, daß es für die Verbindung eines Menschen zu einem anderen kein Modell, keinen vorgegebenen Weg gibt. Wir müssen riskieren, uns anderen Menschen gegenüber mit Beständigkeit und Verletzlichkeit zu öffnen und die intimen Lektionen unserer Wunden zu lernen.

Wenn wir uns unserem eigenen Schmerz öffnen, ist das wie eine Geburt. Leben ist Beziehung. Unsere Wunden enthalten all die Kreativität, die Gefühle, die Gedanken und die Träume, die wir nie ausgelebt haben. Baue eine Beziehung zu deinem Krebs auf. Sprich mit ihm. Frag ihn, warum er nach Aufmerksamkeit schreit. Sieh dir deine Wunde an. Küsse den Krebs, damit er heilen kann.

Unser Perfektionismus beurteilt unsere Wunden in dieser Gesellschaft zu streng. Wir müssen aufhören, uns selbst vor Gericht zu stellen. Krebs ist eine Gelegenheit, uns selbst mit Liebe zu füllen, und nicht, uns wie Ausgestoßene zu fühlen oder zu glauben, daß etwas mit uns nicht in Ordnung ist. Es ist an der Zeit, uns in den Schoß echter menschlicher Werte zu begeben, die auf einer liebevollen Gesellschaft beruhen.

Unser Perfektionismus spiegelt sich in unseren verurteilenden Religionen und in einer erstaunlichen Ansammlung von Gesetzen und Einschränkungen. Wir alle fühlen einen Freiheitsverlust und einen Verlust des Selbst, wenn unsere Leben durch zu viele Gesetze eingeschränkt werden. Der Krebs gibt uns die Gelegenheit, innezuhalten und unsere Glaubenssysteme aus Sünde, Unwürdigkeit und Urteil anzuschauen. In Wahrheit verurteilt uns niemand außer wir selbst. Wir sind nicht unwürdig, wir alle werden von dieser Erde zutiefst geliebt.

Der Mittelpunkt der Erde ist unverdorben und kann niemals von der Gewalt unserer Gedanken oder Handlungen durchdrungen werden. Er ist ein unberührter

Garten. Wenn wir uns der Erfahrung des Krebses hingeben, werden wir in das Zentrum dieses Gartens eingeladen, um Zeuge unserer eigenen Geburt und unserer Aufnahme in die Schöpfung zu sein. Die Erde fordert uns auf, uns einer neuen Lebensperspektive hinzugeben, einer Perspektive, die die Seele nährt.

Die Strahlungsbehandlung ist die Bombardierung einer Zelle mit massiven Lichtdosen. Stell dir vor, daß die Strahlungsbehandlung ein Geschenk des Lichts ist. Meditiere vor der Chemotherapie. Stell dir vor, daß dein Krebs von Farbe, Liebe und Akzeptanz eingehüllt ist. Schließe mit deiner Krankheit Freundschaft. Sorge dich um sie, wie du dich noch nie um dich selbst gesorgt hast. Nimm Bilder in deinen Körper auf, die zeigen, wie die Krankheit kleiner und heller wird. Gib deinen Wunden eine Stimme.

Das Ziel des Krebses ist die Selbstliebe. Die Suche besteht darin, die Gegensätze in uns zu vereinen, den inneren Mann und die innere Frau. Unterbrich das innere Geschwätz der Stimmen deiner Eltern in dir. Durchlebe Teile deiner Vergangenheit noch einmal, um herauszufinden, was die *ungelebte Essenz* in dir ist. Beende die Vergangenheit, und bau dir ein Leben auf. Leben ist die Einheit von Seele und Geist. Krebs ist ein Aufruf zu spiritueller Tiefe und dazu, durch unsere Seelen das Wunder der Welt um uns herum zu sehen.

Ehre die Erde von neuem. Begrüße die Sonne bei ihrem Aufgang. Glaube daran, daß du einen Beitrag auf diesem Planeten zu geben hast. Wir haben alle unsere eigene Wirklichkeit erschaffen, und wir können uns alle selbst heilen. Glaube an dich. Lerne Visualisierungsmethoden. Finde eine für dich freudvolle Form der Meditation. Lerne, wieder vollkommen zu leben.

Glaube den Ärzten nicht, wenn sie dir sagen, daß du

unheilbar krank bist. Die Macht des Verstands und des Gefühls kann Krebs vollständig heilen. Glaube keinem Menschen, der einen negativen Gedanken über deinen Gesundheitszustand hat. Erschaffe deine eigene Welt der Heilung, und handle danach.

Aggression ist gesund, und es ist gut, deine Begierden zu ehren, sie sind deine Lebenskraft. Konfrontiere den skrupellosen Tyrannen, die nach innen gekehrte Aggression als den Wunsch, zu dienen, unverblümt zu sein, zu spielen, wann du willst, und deinen Körper geschmeidig zu machen.

Mein Vater verwandelte sich vor meinen Augen von einem rigiden, autoritären Mann zu einem sanften, empfindsamen Menschen. Sein Haar fiel aus, und er verlor Dutzende Pfunde an Gewicht. Er wurde demütig, mild, anpassungsfähig und gütig. Er stellte sich seiner Sterblichkeit. Die Kahlköpfigkeit meines Vaters war das Symbol für sein wiedergeborenes Kind. Er opferte sich selbst und seine intellektuellen Gedanken und durchlebte eine Wiedergeburt in seiner eigenen Unterwelt. Auf der Suche nach seiner Seele wurde er zur Sonne, zu einem Kind Gottes, zu einem Kind der Göttin.

Die einzige Wunde von Christus bestand darin, menschlich zu sein. Er war die Essenz des Archetyps eines Verwundeten Heilers. Chiron, ein planetenartiger Asteroid oder Komet, der 1977 entdeckt wurde, symbolisiert, wie wir unsere Wunden wie Christus umarmen und ertragen müssen, um Heiler der Seele zu werden. Wenn wir unsere Wunden erforschen, um sie zu heilen, wird dies zu unserer geistigen Aufgabe, zu unserer nächsten Arbeit. Mein Vater war ein Arzt, der sich selbst heilen mußte.

Die lateinische Wurzel des Wortes *verletzlich* bedeutet »Wunde«. Gott kommt durch unsere Wunden und unsere Verletzlichkeit zu uns. Wenn wir uns der Demut und der Menschlichkeit öffnen, erfahren unsere Wunden Liebe. Unsere Wunden sind der Ort, wo unser Genie verborgen liegt. Krebs ist ein Aufruf, Gott, unsere Kreativität und unser ungenütztes Genie zu finden.

Deine Wunden rufen nach dem Salz der Erde, um zu heilen, ungeachtet dessen, wie stark deine Schmerzen sind. Laß den vertikalen Weg zu Gott los, und suche nach dem horizontalen Pfad des Herzens. Begib dich in die Weite der unermeßlichen, umarmenden Prärien, und sieh durch dein Herz Hunderte von Meilen weit in alle Richtungen. Leck deine Wunden wie ein Tier. Laß dich durch das Salz von Blut, Schweiß und Tränen zu einer erweiterten Perspektive der Menschheit führen.

Sei vor allem kein Opfer deiner Krankheit – schließlich hast du sie erschaffen. Lerne statt dessen, daß du dich selbst heilen kannst. Erinnere dich daran, daß deine Krankheit ein Aufruf ist, alte Gewohnheiten der Scham und der Schuld abzulegen. Finde die Weisheit in deiner Wunde.

Angst ist das Gegenteil von Liebe. Die große Illusion der Menschheit besteht darin, daß Angst mächtiger als Liebe ist. Am Ende eines schwarzen Lochs befindet sich oft ein weißes Loch. Am Ende des Krebstunnels leuchtet ein starkes Licht. Das Licht unterstützt dich bei deiner Veränderung.

Zerbrich den Spiegel deiner Überzeugungen, wie du mit Angst oder Wut umgehen solltest, und beschließe, höflich und gütig zu sein. Vielleicht hat man dir beigebracht, eine tiefe Aggression oder eine tiefe, gesunde Wut zu unterdrücken. Die Seele bewahrt alle Schmerzen auf, die wir zu unterdrücken versuchen. Wir müssen unseren Selbstmißbrauch heilen, aufhören, so nett zu sein, und uns aus der tiefsten Quelle unseres Seins fühlen und ausdrücken.

Zerbrich den Spiegel deiner Überzeugungen, wie andere dich sehen. Die Menschen halten mit ihren Augen Eindrücke von uns fest, die sie oft nicht mehr loslassen, und erwarten, daß wir immer gleich handeln und uns nicht verändern. Achte auf die Seele eines Menschen und auf seine Lebenskraft, nicht auf Stereotypen. Laß los, wie du dich in der Vergangenheit verhalten hast. Wisse, daß Krebs eine Reinigung ist, die »reinen Tisch« macht; und daß niemand von dir getrennt existiert. Wenn du einen anderen Menschen ansiehst, sieh ein anderes Selbst. Diese Person außerhalb von dir braucht deine Liebe. Höre auf, alles durch deine Wunden zu sehen.

Immer wenn ich meine Eltern besuchte, befürchtete ich das Schlimmste. All meine alten Muster, keinen Bezug zu ihnen herzustellen, zeigten sich dann. Jedes Mal kamen die gleiche emotionale Ladung und die gleichen Meinungsverschiedenheiten auf. Eines Tages entschied ich mich, damit aufzuhören und Zeuge der Muster zu sein, während sie abliefen. Diesmal reagierte ich anders. Während mein Vater schrie, senkte ich meine Stimme, nahm Kontakt zu meiner Seele auf und sprach ruhig zu seiner Seele. Er brauchte meine Fehler und meine Unsicherheiten nicht bloßzulegen, um ein Gespräch mit mir führen zu können. Ich entschloß mich dazu, spontan zu sein und ein heiliger Narr zu werden.

Ich liebte meine Eltern bedingungslos und ungeachtet dessen, was in der Vergangenheit passiert war. Das mußte keinen Einfluß auf diesen Moment nehmen. Ich fühlte ihre höheren Selbste, und wir mußten einander nicht ändern. Wir begannen, Intimität zu schätzen. Ich lernte, meine Eltern so zu lieben, wie sie waren. Diese Transformation entstand dadurch, daß ich Nähe an die erste Stelle setzte.

Ich konnte meinen Vater nicht heilen, aber ich betete für ihn und sprach zu seiner Seele und seinem Krebs jeden Abend, bevor ich einschlief. Ich dankte jeden Morgen für die Heilung meines Vaters. Seit seiner Jugend wollte mein Vater wieder mit seiner Seele Kontakt aufnehmen. Jetzt war er dabei, seinen Gral zu finden, seine männlichen Gefühle, seine Liebe für den Ozean. Er zog ans Meer, hörte auf zu arbeiten und ruhte sich aus.

Empfänglichkeit für die Seele baut unser Immunsystem auf. Ein Energiefeld der Selbstliebe und des Mitgefühls im Körper stärkt das Immunsystem enorm. Es ist an der Zeit, langsamer zu werden und wieder auf eine heilige und achtsame Weise voranzuschreiten. Wir befinden uns am Ende eines 26000jährigen Zyklus, und das intensive Licht, das jetzt von der Zentralsonne zur Erde strömt, stellte eine massive Behandlung der Krebserkrankung dar, zu der wir für diesen Planeten geworden sind. Laßt uns nicht warten, bis wir Krebs haben, um unseren Zellen Licht und Verjüngung zu senden und unsere tiefen Gefühle zu erforschen.

Zur neuen Medizin auf diesem Planeten werden Frequenzen, Schwingungen, der richtige Einsatz von Licht und wahres Träumen in der Dunkelheit gehören. Laßt uns die Dunkelheit, das schlangenartige Weibliche, die schwarze Madonna lieben. »Let's get down«[15], wie es in der schwarzen amerikanischen Kultur genannt wird. Laßt uns die dunkle Gebärmutter der Wiedergeburt, das Genie in unserer Dunkelheit finden.

Farbige Menschen verstehen die Sprache der Seele.

[15]A. d. Ü.: Engl. wörtlich: »Laßt uns herabsteigen«

Sie kennen die Bedeutung von »Seelennahrung«, »Seelenmusik«, »Seelensprache« und »Seelenbrüdern und -schwestern«. Farbige haben lange genug die Projektionen von hellhäutigeren Menschen getragen. Die Idee von »Weißen« und »Schwarzen« erzeugt Konflikt und Trennung. Weiße Menschen müssen die beleibte farbige Gospelsängerin in ihrer eigenen Seele finden und singen lassen. Farbige müssen wissen, wie herrlich sie in ihrer Würde sind. Als Mitglieder der menschlichen Familie müssen wir alle lernen, in unseren Seelen bescheiden zu sein und eine wilde Kreativität zu entwickeln.

Uns wurde als Kindern gesagt, daß wir schlecht, und einige Menschen böse wären. Niemand ist schlecht oder böse. Es handelt sich um eine große menschliche Illusion und ein wichtiges Beispiel für falsches Denken. Schlechtigheit ist eine Lüge. Glaube nicht, daß du schlecht bist. Du weißt von Natur aus, was richtig und falsch für dich ist. Wenn es niemand anderem schadet, kannst du alles tun, was der Heilung deines emotionalen Körpers förderlich ist.

Die Wissenschaft hat versucht, Maschinen aus unseren Körpern zu machen. Sie hat versucht, sie klinisch steril zu machen und Gefühl von Materie – von Materia, die Große Mutter – zu trennen. Die Natur schützt dennoch unsere tiefste, vergrabene Kreativität. Sie schätzt und liebt die menschliche Kreativität. Versuche nicht, die Erde zu ändern, empfange sie einfach.

Wir müssen zur Liebe zurückkehren. Wir müssen unsere Körper lieben, weil wir nicht mehr dichter werden können. Auf diesem Planeten sind wir auf die maximale Dichte abgesunken. Die Welt wird jetzt von Blitzen getroffen und sie beginnt, heller und leichter zu werden. Wir brauchen den Krebs nicht länger, damit er uns lehrt, daß wir unsere Körper mit Liebe bestrahlen sollen. Der Krebs fordert uns auf, Systeme der Pflicht, der Arbeit, des Ansehens und der vergangenen Beziehungen, die unserem Wachstum nicht förderlich sind, loszulassen. Es ist eine Art Hausputz. Ein Herzanfall ruft uns auf ähnliche Weise dazu auf, unser Herz zu öffnen. Laß die Gefühle deines Herzens deine Gebete und dein Mantra sein – nicht nur für Gott, sondern für alle Wesen.

Alles, was wir erleiden, hat Bedeutung und Sinn. Materie ist liebevoll. Wir werden alle geliebt. Einige von uns streben danach, über die körperliche Form hinaus zu den Sternen und ins Unendliche zu gehen, anstatt sich mit ihren Instinkten zu verbinden, um gehalten, berührt und geschätzt zu werden. Aber auch in unserer Rebellion haben wir die Schöpfung niemals verlassen. Sogar während wir die Höhen und die Unsterblichkeit suchen, finden wir Wurzeln, Tiefen und Verwandtschaft.

Durch Gemeinschaft können wir Krebs wahrhaft heilen. Menschen lieben Gemeinschaft von Natur aus und ebenso, mit der Natur zu kommunizieren. Wir können einen Berg hinaufsteigen und wieder herunterkommen, um unsere Gehirnhälften auszugleichen. Wir können die heilige Pfeife wieder rauchen und die Sonne bei ihrem Aufgang begrüßen. Das Leben ist ein großes Geheimnis, eine aufkommende Dämmerung. Wir müssen uns allen erlauben, uns mehr berühren zu lassen. Wir schlafen oft mit verkrampften Kiefern und geballten Fäusten. Wir müssen uns entspannen und einander unterstützen. Wir sind alle Geschwister der Erde, erleben Gefühle – das Tor des Mondes – und geistige Klarheit – das Tor der Sonne. Laßt uns zu Eingeweihten und zu denen werden, die wir wirklich sind.

Es gibt noch etwas, was über das Licht hinausgeht und was noch vielfältiger als unsere gegenwärtige Wirklichkeit ist. Wir wachsen jetzt in der Gebärmutter der Erde heran. Krebs ist eine Stauung, ein Widerstand gegen die Wiedergeburt. Laß dich das Summen der großen Schwangerschaft fühlen, und sorge gut für dich, während du diesen Prozeß durchläufst.

Wir alle haben einzigartige Talente und Gaben. Gemeinschaft ist, sich in einem Netz zusammenzufügen. Unsere Integrität und unsere Liebe bilden zu unserer Unterstützung eine Gemeinschaft von innen, die das Ende der Isolierung anzeigt. Beziehungen sind ein großes Geheimnis. Bitte um sie, und lerne aus ihnen. Unsere Verschiedenheiten zu akzeptieren und dennoch miteinander verbunden zu sein ist das Paradoxon der Ehe. Entdecke das Mysterium des Sich-Verbindens, um dich noch individueller zu entwickeln.

Krebs ist der Aufruf, Materie zu lieben und bewußt an der Geburt unserer Spezies teilzunehmen. Wir sind göttliche Kinder, die mit einem Planetenkörper geboren werden. Gemeinsam öffnen wir uns einer neuen Welt aus Farbe, Klang und reinem Gefühl. Wir haben das Ende unserer Ego-Entwicklung als eine Spezies erreicht und bereiten uns jetzt darauf vor, unseren Schöpfer im Innen wie im Außen zu treffen. Dies ist unsere zweite Kindheit. Unser Karma ist vorüber. Ein Strom der Elektrizität ergießt sich in uns, um integriert zu werden. Wir wollen uns ihm wie die Membranen um die Erde herum öffnen.

Die Grenzen der Gebärmutter der Erde erweitern sich stark, um alles aufzunehmen – alle unsere Inkarnations- und Schöpfungserfahrungen. Die unsere Körper umgebenden Felder werden weiter und durchsichtiger.

Laß alles einschränkende Zögern los, und finde die Samenkörner der Ideen und Gefühle, die mit jeder Erfahrung zusammenhängen. Sprich zur Schöpfung. Lerne, die Sterne zu lesen. Geh spazieren, um wacher zu werden. Der Himmel beugt sich zu dir herunter, bittet dich, ihn zu lesen und dich unter seiner reinen blauen Weite beschützt zu fühlen. Du bist unermeßlich. Die Schule ist jetzt zu Ende. Das Licht, das in den Jahren von 1992 bis 2012 zur Erde strömt, nimmt exponentiell zu. Dein Leben beschleunigt sich.

Wenn der Krebs eine Verstopfung und einen Widerstand gegen das Licht darstellt, dann vertilge deinen Schatten. Verdaue deine Vergangenheit, und verwandle sie in rohe Lebenskraft. Drücke die Wut in deiner Leber aus, verspeise sie, und gib ihr kreativen Ausdruck. Diese Umwandlung der Vergangenheit in Elektrizität im Körper kann dich jetzt verjüngen.

Verstopfung ist einfach das Nichtfühlen von Angst. Reagiere nicht darauf, beobachte sie einfach. Stehe für dich ein. Sage nein. Gib weder nach, noch kämpfe. Sei ein Krieger, der weder gewinnen noch verlieren will. Angst ist nicht das, was du bist. Angst kann dir zeigen, wenn etwas verkehrt ist. Nimm sie einfach nur wahr, ohne ihr viel Beachtung zu schenken. Sie wird schließlich müde werden und verschwinden.

Heilung ist ein Akt der Gnade. Sie ist die Rückkehr zur Schöpfung und zur innewohnenden Natur der Dinge. Das Leben lehrt eine Blume zu blühen und einen Vogel, in den Süden zu ziehen, und es lehrt uns, wie man menschlich und neugierig ist. Erschaffe den Wunsch, geheilt zu werden. Laß dich heilen, um ein Heiler zu werden.

Heilung ist ein Aufruf, ein Seelengefäß zu schaffen. Wenn du Seele hast, kannst du von Licht und Leben durchdrungen werden. Zuviel Licht und nicht genug Gefäß ist die Ursache für den Tod von vielen Menschen. Um ein Gefäß zu schaffen, welches das Licht aufnehmen kann, töpfere, webe, zeichne, tu etwas Künstlerisches. Kunst ist die Schaffung eines Seelengefäßes zur Durchdringung mit dem Geist. Erschaffe in deinen Träumen eine neue Gebärmutter. Erschaffe einen Gral für unsere Zeiten. Das ist der Aufruf des Krebses. Erschaffe eine Seele, um deine Heilung zu erhalten. Oder wenn du sterben mußt, schreibe einen neuen Mythos für die, die noch leben.

Als ich all das, was ich auf diesen Seiten geschrieben habe, emotional erkannt hatte, verschwand der Krebs meines Vaters aus seinem Körper. Er heilte sich selbst und gab mir das Geschenk seines Verständnisses. Mein Vater stützte sich auf mich, er ruhte sich eine lange, lange Zeit körperlich auf meinen Schultern aus. Dabei gab er mir schweigend zu verstehen: »Du bist jetzt der Starke.« Er gab etwas Männliches an mich weiter, auf das ich mein ganzes Leben gewartet hatte.

Ich fühlte die Anerkennung meines Vaters für meine Seele. Während er seine Kinder und ihre Rolle in seinem Leben annahm, schien eine Schönheit aus seinen Augen. Seine Verletzlichkeit machte ihn in meinen Augen stärker. Der alte Taurus-Stier ließ uns endlich los.

Zehn

Der Widder

Während sich mein Vater die meiste Zeit seines Lebens wie ein Stier verhalten hatte, war ich ein Widder gewesen. Die Krebserkrankung meines Vaters unterstützte ihn dabei, seine Stiernatur zu verwandeln, und sie half auch mir, meine eigene negative Männlichkeit genauer anzusehen. Nichtsahnend hatte ich den archetypischen Widder, meinen Schatten, zu meinem Feind gemacht. Nun mußte ich ihm in die Augen blikken und ihn als meinen Verbündeten gewinnen.

Damien hatte mich viel über die Schattenseite meines Vaters gelehrt. Der Widder ist ein Initiator, ein Mars/Widder-Krieger, der auf Logos, Wissen, Konkurrenz und die Herrschaft über die Natur fixiert ist. Obwohl der Widder zu Machtfixierung und Liebesverlust führen kann, ist er gleichzeitig das weise Sonnenschaf, das in Indien so sehr geliebt wird.

Einmal kam zu einer meiner Sitzungen, eine Frau und erzählte mir die folgende Geschichte. Sie war nach Truchas, einer kleinen Stadt nördlich von Santa Fe, gefahren. Sie war von ihrem Auto zu einem nahe gelegenen Hügel gegangen, den sie blumenpflückend hinaufstieg. Ein Widder bemerkte sie und stürmte mit voller Geschwindigkeit auf sie zu. Sie war zu weit vom Auto entfernt, um sich dort rechtzeitig in Sicherheit bringen zu können.

Während sie den Widder angreifen sah, beruhigte sich die Frau sofort, indem sie tief atmete. Sie spürte, daß sie sich dem Widder stellen konnte und sogar zu sterben bereit war, wenn es sein mußte. Der Widder kam mit voller Kraft näher, aber sie blieb einfach stehen. Kurz bevor das Tier mit ihr zusammenstieß, senkte es plötzlich seinen Kopf und rammte seine Hörner nur wenige Zentimeter von ihren Füßen entfernt in die Erde.

Diese Frau hatte mit ihrer Widdernatur Frieden geschlossen. Viele Frauen haben nicht so viel Glück gehabt. In der griechischen Sage von Phrixos und Helle rettet ein Widder einen Jungen und ein Mädchen vor einer quälenden Stiefmutter, die sie töten will. Der Junge und das Mädchen erfahren von ihrem Plan und fliehen auf dem Rücken eines Widders, der in den Himmel fliegt. Das Mädchen, Helle, blickt nach unten, fällt ins Meer und ertrinkt, während der Junge in einem neuen Königreich sicher am Boden abgesetzt wird. Nachdem er vor seiner Stiefmutter gerettet worden ist, opfert Phrixos den Widder und hängt sein Vlies an einem Baum auf. Später machen sich Jason und die Argonauten auf die Suche nach dem Vlies des Widders.

Der Widder repräsentiert naive, unreflektierte, männliche Intensität. Helle und die meisten Frauen leiden unter der Widderenergie.

Ein Widder-Mann kann nicht auf das hören, was seine weibliche Seite ihm sagt.

Im Mythos von Psyche und Eros besteht eine der Aufgaben der Psyche darin, Wolle von Widdern zu sammeln. Sie lernt, das Haar aus Sträuchern zu pflükken und die Tiere selbst nicht zu behelligen. Auf diese Weise vermeidet sie eine blutige Konfrontation. Wenn ein Archetyp Macht über das Unbewußte ergreift, kann dies gefährlich sein. Wir können jedoch wie Psyche eine Beziehung mit dem Widder haben, ohne ihm zu erlauben, von uns Besitz zu ergreifen. Auf diese Weise können wir seine Fülle der Weisheit und Energie nutzen. Und wenn wir den Widder opfern, geben wir unsere aufgeblasene Identifikation mit Macht auf: Schußwaffen, Raketen, Krieg, Kontrolle von Gefühlen und Weiblichkeit. Wir verwandeln seine Energie dann in kreatives Potential.

Mars enthält das englische Wort für Widder, *ram*. Das englische Wort *mar* bedeutet beschädigen oder verunstalten. Wenn das Wort *ram* im Namen einer Person enthalten ist, bedeutet dies, daß sie in diesem oder in einem vergangenen Leben an einer Form des Machtmißbrauchs teilgenommen hat. In babylonischen oder sumerischen Sagen gibt es eine Gestalt namens Marduk, der Usurpator, Sohn des Enki. Bis er letztlich besiegt wird, ist er ein Zerstörer.

Mars, der Name des sagenhaften römischen Gottes des Krieges und, wie ich glaube, ein früherer Kriegsplanet, ist die Wurzel des englischen Begriffs *martial arts* (Kampfkünste). Nach intuitiven Informationen, die ich erhalten habe, wurde einst sogar unser Mond während uralter Sternenkriege als Militärbasis benutzt. Viele Menschen auf der Erde stammen von Flüchtlingen aus diesen vergangenen Kriegen und Konflikten ab. Bewohner der Planeten im Sternbild Orion führten einst einen Krieg gegen die Plejaden und andere Sternensysteme. Diese Kriege sind vorbei, und der Frieden ist in alle anderen Welten außer der Erde eingekehrt. Wir sind hier in Quarantäne geschickt worden und verbringen einige Zeit abgeschnitten von der Kommunikation mit unserer eigenen und anderen Galaxien.

Hier auf der Erde zerstörten die Arier aus dem Norden die dravidische Kultur Südindiens. Krieger-Clans fielen in den Süden ein und erbeuteten unter Versklavung Gold und Land. Außerirdische wie die Nibiruaner taten das gleiche: Sie versklavten Menschen, um Mineralien, Zugang zu Erdenwissen und Herrschaft über den Planeten zu erlangen. Die Atlanter erschufen Diener, die halb Tier und halb Mensch waren, um ihre Knechtarbeiten zu verrichten.

In den in *Ramayana* und *Mahabharata* beschriebenen Kriegen werden ausführliche Sagen über den Widder und das Ram-Reich in Indien erzählt. Das vergangene Zeitalter des Sternzeichens Widder auf diesem Planeten hat zum Aufkommen des atlantischen Patriarchats und schließlich zum Römischen Reich, dem Höhepunkt des Patriarchats im letzten Fünftausendjahreszyklus, geführt. Das englische Wort *Roman* (römisch) enthält ebenfalls das Wort *ram*.

Vor einigen Jahren habe ich Heilungssitzungen mit einer Reihe von Kindern durchgeführt, deren Großeltern hochrangige Nazibeamte gewesen waren. Sie alle trugen das Wort *ram* in ihrem Namen. Während ich mit ihnen arbeitete, begann ich, von meinem letzten Leben zu träumen. Ich war ein fünfzehnjähriges jüdisches Mädchen in Dachau. Ich hatte eine Gruppe von Freundinnen in dem Konzentrationslager, und wir machten Witze über die Nazis. Sogar als die Menschen um uns herum gefoltert und vergast wurden, sagte ich allen: »Es gibt keinen Tod.« Ich zeigte gegenüber den Nazis keine Angst, und eines Tages prügelten sie mich wegen meiner Unverschämtheit zu Tode.

In diesem Leben habe ich viele der Mädchen aus diesem Lager getroffen. Wir alle teilen dieselben Erinnerungen. Sogar mein Kindermädchen war eine deutsche Frau, die vor den Nazis geflohen war, als sie fünfzehn Jahre alt war. Wir hatten einander zuvor gekannt, und sie fand mich in diesem Leben.

Ich konnte nicht vergessen, was in Deutschland geschehen war. All diese Menschen kamen zu mir, um die Natur ihrer Opfer/Täter-Beziehungen zu besprechen. Hatten wir zuvor andere zu Opfern gemacht? Hatten wir uns in früheren Leben falscher Macht verschrieben? Die Antwort lautete oft »ja«, und jetzt war es an der Zeit, die alten Muster aufzulösen.

Viele dieser Enkelkinder der Nazis hatten riesige Schatten in ihrem Blut, die ihre Gedanken beeinflußten. Sie sahen sich in ihren Träumen als kämpfende Hohepriester, Widder und Minotauren. Während ich sie behandelte, erkannte ich, daß die Nazis ihr Wissen über den Geist für Gutes hätten nutzen können. Sie wählten jedoch statt dessen die Herrschaft über die Massen. Diese Enkelkinder waren psychisch sehr begabt und mußten ihre Abstammungsgeschichte reinigen, um diese Gaben weise einsetzen zu können.

Mit dem Beginn des Wassermann-Zeitalters endete der Zyklus des Kriegs auf diesem Planeten, und die Menschen kamen in hellen Scharen zu mir, um ihre verwundeten männlichen Krieger zu heilen. Ich sah in der Psyche der Menschen, wie Alkohol und Widder-Energie häufig miteinander verbunden waren. Menschen, die den Einfluß ihrer Väter stark spürten, waren distanziert, zurückhalten, kühl oder mißbrauchten andere Menschen geistig oder emotional.

Zur Kompensation erzeugten sie häufig Phantasiebilder von Zauberern oder altruistischen Vätern. Einige erschufen sogar einen inneren Zauberer, der sie retten konnte, wenn sie tranken, oder sie aus Autounfällen erlöste, wenn sie Drogen genommen hatten. Andere wurden von Phantasiegestalten aus der Kindheit versklavt, die zu inneren Elementarwesen mit eigenen Willen geworden waren.

Ein Teil meiner Arbeit bestand darin, Klienten von Hohenpriestern und männlichen Lehrern zu befreien, die Frauen oder Jungen benutzt oder mißbraucht hatten. 5000 Jahre des Mißbrauchs durch Männer waren schließlich bereit, aufgelöst zu werden.

Als Kind war ich von Natur aus Linkshänder. Meine Lehrer in der Schule sorgten dafür, daß ich nur meine rechte Hand benutzte. Die patriarchalischen Werte betonen die Überlegenheit einer Gehirnhälfte über die andere. Demgemäß wurde mir von sehr jungen Jahren an beigebracht, rational und intellektuell zu sein. Als Erwachsener fing ich an, meine Linkshändigkeit wieder zu entwickeln und bewußt diesen Betrug an mir zu heilen, indem ich Kreativität und Weiblichkeit wertschätzte. Dies ist nur ein subtiles Beispiel für eine Art des Mißbrauchs in unserer Kultur.

Die Kinder – mit Widder-Müttern –, die ich behandelte, beklagten sich oft darüber, daß ihre Grenzen nicht geachtet worden waren. Ihre Mütter waren ungefragt in ihre Zimmer gekommen und psychisch in ihre Träume eingedrungen. Diese Mütter hatten ihre eigene Psyche auf die ihrer Kinder projiziert. Als Folge hatten einige der Kinder ihre eigene Seele in sehr jungen Jahren verlassen. Als Frauen fühlten sie sich jetzt von ihren patriarchalischen Müttern betrogen. Als Männer hatten sie das Gefühl, sich um ihre kranken Mütter kümmern zu müssen, die versuchten, ihr Leben zu kontrollieren.

Diese Widder-Mütter waren dominant, kontrollierend und narzißtisch. Ihre Kinder wußten es, brauchten jedoch Hilfe, um ihre Konflikte zu einer bewußten Lösung bringen und ihre verschlingenden Mütter aus ihre Psyche loslassen zu können.

Meine Arbeit mit der Widder-Energie führte mich

zu einem tieferen Verständnis der heiligen Ehe, der Vereinigung der Gegensätze. Der Name Maria enthält ebenfalls das englische Wort *ram*, Maria war jedoch ein positiver Widder, der zur Hingabe führte. Sie verwandelte den Widder in Heilung und Wiedergeburt. Sie gab ihren Widder einer höheren Macht hin und wurde von dieser Macht befruchtet. Sie opferte den Widder in ihrer Psyche und gab sich Eros, dem Geist der Liebe, hin. Der Widder bringt Trauma, Drama und das Aufeinanderprallen von Armeen, aber er beinhaltet auch die potentielle Vereinigung der Gegensätze.

Der Mythos von Osiris und Seth und dem Lüften der vierzehn Schleier des Selbst ist für das Verständnis der inneren Ehe wesentlich. In dieser Geschichte ist Osiris ein göttlicher König, der 28 Jahre über Ägypten geherrscht hatte. Er war außerdem ein großartiger Musiker und Künstler (das Eros zugeschriebene Lebensprinzip), und seine Rolle besteht darin, Männer und Frauen über das Gleichgewicht zwischen kreativen und destruktiven Elementen der menschlichen Psyche zu belehren.

Seth oder *set* ist die Wurzel für Trennung. Er stellt den Bösen dar, den Ausgestoßenen, der von der Gesellschaft gemieden wird. Er ist derjenige, dem immer gesagt wird, daß er schlecht, dunkel, falsch und ein Soziopath sei. Seth glaubt, daß Osiris in seiner eigenen Macht überheblich geworden ist und dem Weiblichen geopfert werden muß. Deshalb ermordet Seth ihn am Ende eines großen Mondzyklus, des Zyklus des Weiblichen.

Um Osiris zu töten, nimmt Seth die Gestalt eines wilden Ebers an. So wird Osiris, der Sonnengott, von einer dunklen, dickköpfigen Männlichkeit zerstört, Seth ist der Schatten in jedem Mann, der seinen Bruder durch zerstörerische Eifersucht verrät. Osiris dagegen ist ein König, ein Sonnenheld, dessen Opferblut die Erde wieder fruchtbar machen wird. Zusammen erzeugen diese beiden Gestalten eine kreative Dualität, ein Ausdruck des Kriegs, der in uns allen stattfindet.

Dieser Mythos sagt uns, daß der Feind sich nicht außerhalb, sondern in uns befindet. Wir haben uns nur von ihm getrennt. Wir müssen den Ring der Macht aufgeben, der in früheren Inkarnationen von der Erde genommen wurde, und ihn dem Land zurückgeben. Dies ist unsere bewußte Pflicht und auch die tiefe Wahrheit, die J. R. R. Tolkien zu seiner Trilogie *Der Herr der Ringe* inspiriert hat.

In unserem Mythos ist Isis die Frau und Königin des Osiris. Sie stellt die Schwester, Geliebte und Mutter dar – unsere bewußte weibliche Seite. Während sie um ihren toten Geliebten weint, nimmt sie die Gestalt eines Falken an und kreist über seiner Leiche. Wir tun das gleiche. Viele Frauen und Männer träumen, daß ihre männliche Seite tot, taub, gefühllos und schwer verletzt und eingeengt ist. Es ist die weibliche Seite, die diese Szenen des inneren Todes beobachtet. Isis findet die Leiche von Osiris im Nil treibend und hängt sie in einen Baum – ein Symbol für Abstammung –, um sie sicher zu verwahren.

Patriarchalische Blutlinien begannen in der ägyptischen Kultur. Heutzutage werden die Nachnamen von der väterlichen Seite der Familie weitergegeben. Sogar die Bibel wurde umgeschrieben, um Rachel, Leah, Sarah und die anderen Anführerinnen der zwölf Stämme auszuschließen. Israel war ursprünglich eine matriarchalische Kultur. Das Patriarchat hat die Geschichte als *»his story«* [16] neu geschrieben – eine Geschichte des Kriegs und der Eroberung –, und mit der Zeit hat eine beinahe universelle Amnesie eingesetzt. Deshalb wird Eva in der patriarchalischen Version der Geschichte als Verführerin, als Wurzel allen Übels porträtiert, während sie und die Schlange in Wahrheit der Menschheit helfen, Weisheit zu entdecken.

Mit Hilfe von Thoth, dem ägyptischen Gott der Weisheit, und einem positiven männlichen Lehrer befreit Isis Osiris aus dem Baum des Lebens. Sie erlöst ihn von seinen erdgebundenen Inkarnationen. Später findet Seth den Körper des Osiris, zerschneidet ihn in vierzehn Teile und verstreut diese über das Land.

Wie der Körper des Osiris sind wir alle in unserer männlichen Seite fragmentiert. Wir sind zerstückelt und zerrissen. Wenn wir versuchen, einander ohne das Gleichgewicht und die Weisheit der Seele zu durchdringen, reißen wir uns selbst durch Vergewaltigung, Habgier, Kontrolle und Sexualität des Egos in Stücke und entfernen uns sogar noch weiter von denjenigen, die wir verletzen. Aber die Wunden, die wir anderen zufügen, bringen wir uns auch selbst bei, und wir verlieren dabei einen Teil unserer Psyche.

Es liegt jedoch eine große Hoffnung in der Zerstükkelung.

Nach einer anderen griechischen Sage geht die Göttin Artemis, eine jungfräuliche Jägerin, zum Baden zu einem Fluß im Wald. Ein neugieriger Jüngling namens Aktaion sieht sie. Als er die Göttin erblickt, verwandelt sie ihn in einen Hirsch, und er wird von seinen eigenen Hunden, den Manifestationen seiner eigenen Unterwelt, zerrissen. Artemis liebt Hirsche, und so wird Aktaion zum Gegenstand ihrer Liebe. In seiner Zerstük-

[16] A. d. Ü.: Wortspiel, das englische Wort *history* bedeutet »Geschichte«, *his story* bedeutet »seine Geschichte«.

kelung repräsentiert er das Opfer des jugendlichen Liebhabers der Göttin.

In der Geschichte von Osiris findet Isis, wieder mit Hilfe von Thoth, dreizehn Teile des Osiris, ihrer fehlenden männlichen Seite, und setzt sie auf magische Weise wieder zu einem Ganzen zusammen. Die Seele, die Anima eines Manns und die weibliche Seite einer Frau, ist dazu in der Lage. Isis kann jedoch den vierzehnten Teil von Osiris, seinen Penis, nicht finden, weil sie selbst keinen besitzt. Deshalb erschafft sie einen neuen Penis aus Holz und befruchtet sich mit etwas von seinem Samen selbst. Sie gibt sich in diesem Moment Gott hin und wird zum Weiblichen, das in ihr selbst ruht. Später gebärt sie ein göttliches Kind namens Horus, einen Falken.

Nachdem ein Mann erkannt hat, welche Teile von ihm abgetrennt worden sind, verwandelt er seine innere Widdernatur – seinen negativen, ehrgeizigen Eigenwillen – in Auferstehung, Kreativität, Kunst und Hüterschaft für die Erde. Er tut dies mit Hilfe eines weisen Ältesten, Mentors oder Lehrers, der mit seiner Anima oder weiblichen Seite zusammenarbeitet. Der Prozeß von Erektion und phallischem Willen zu Auferstehung und Opfern des Widders kann mit so verschiedenen Methoden wie Träumen und dem Erlernen von Kampfkünsten erreicht werden. Männer lernen die Mysterien des Grals erneut kennen und werden zu Verkörperungen von Osiris.

Im weiteren Verlauf der Geschichte zieht Horus, die neue Persönlichkeit, die den erleuchteten Selbstwillen und den positiven Animus eines Manns oder einer Frau darstellt, gegen Seth in den Krieg, um seinen Vater zu rächen. In der Zwischenzeit liegt Osiris in der Unterwelt im Koma. Sein Sohn lebt in der oberen Welt, und die beiden müssen jetzt zusammenkommen. Horus besiegt Seth schließlich, und Vater und Sohn werden eins in der Geburt einer neuen Ewigkeit.

Während der Horus-Archetyp in den kommenden Generationen in Massen inkarnieren wird, werden mit beiden Füßen auf dem Boden stehende Sternenkinder lernen, Seth und dem Widder ohne Trennungsgefühl gegenüberzutreten. Ich bete dafür, daß sie mit großer Liebe geboren und von beiden Eltern und in generationsübergreifenden Gemeinschaften aufgezogen werden. Dieser Prozeß steht erst am Anfang, und wir haben das Privileg, ihn zu unterstützen. Unsere innere Arbeit zu diesen Themen hilft dabei, wie in der Tradition der amerikanischen Indianer, den Weg für die nächsten sieben Generationen vorzubereiten.

Alle Mythen erzählen von Trennung, Einweihung und Wiederkehr. Wir sind alle zur Erde gekommen, um die vierzehn Stücke unseres inneren Mannes wieder zusammenzusetzen. Wie können wir das schaffen? Zuerst, indem wir das Geschenk des Lebens wertschätzen, dann, indem wir unseren Selbstwert anerkennen.

Sei glücklich, daß du geboren wurdest. Die Mutter, das Kosmische Ei hat eine Botschaft ausgesendet, einen inneren Ruf nach dir, zu kommen und sie mit deinem Bewußtsein zu befruchten. Du warst gewollt. Du bist genug. Kehre zu deiner Essenz zurück. Du warst bereits ein Meister, bevor du hierher gekommen bist. Die Mutter schützt ihre Sexualität und ihre Gebärmutter für deine Ankunft. Sie bleibt von den Handlungen der Menschen auf ihrer Oberfläche unbefleckt. Sie stellt die Wände deiner Gebärmutter dar, sie schützt deine Lebenskraft und hält dich in ihren liebevollen Armen.

Für Widder ist es wichtig, daß sie keine Waffen tragen, sondern ihre Arme in einem Gleichgewicht zwischen Kopf, Herz und Hand ausbreiten. Die linke Hand empfängt, die rechte Hand gibt. Wisse, daß es einen Teil von dir gibt, der immer geliebt wird, ganz gleich, wie du in der Vergangenheit gelebt hast. Die größte Sicherheit besteht darin, zu wissen, wer du bist und daß du geliebt wirst.

Wie kommt es dazu, daß wir vergessen, daß wir bedingungslos geliebt werden?

Unsere biologischen Mütter sind oftmals keine archetypischen Mütter. Das Wort *sin*[17] war der Name der Mondgöttin in der sumerischen Mythologie. Eva ist nicht böse[18]. Wir würden entdecken, daß wir vom Garten Eden umgeben sind, wenn wir im Moment leben könnten. In unserem Sehnen nach dem Paradies vergessen wir, daß es hier und jetzt schon da ist.

Viele von uns geben der negativen Mutter, der Schwarzen Madonna, der Schlangenmutter, die Schuld an unseren Übeln. In der ostindischen Sagenwelt schickt die Große Göttin Durga die Schwarze Mutter Kali, um die negativen männlichen Dämonen zu zerstören, die die Erde durch Kriege bedrohen. Kali entspringt aus Durgas drittem Auge und besiegt die Dämonen durch die ungeteilte Sichtweise des Weiblichen. Der Kala (männliche Form von Kali) in Männern konfrontiert den negativen Schatten der patriarchalischen Kontrolle. Die Tatsache, daß in Amerika der größte Teil der Steuergelder an das Militär geht, ist ein deutlicher Hinweis auf den Widder-Archetyp in unserer Gesellschaft.

Die Schwarze Madonna ist schwarz, weil sie mit ihren ursprünglichen Wurzeln, dem schwarzen Obsidian

[17] A. d. Ü.: Engl.: Sünde

[18] A. d. Ü.: Der Name Eva hat den gleichen Wortstamm wie das englische Wort *evil*, böse.

im Mittelpunkt der Erde, verbunden ist. Sie ist eine Frau, die in ihrem ersten Chakra verwurzelt ist und sich stark genug fühlt, um ihre Zweige nach oben wachsen zu lassen. Sie ist ein unbekannter Anteil der weiblichen Psyche, der aus der Dunkelheit zum Vorschein kommt. Wir Männer haben zahlreiche Lügen über Frauen erfunden, die wir in der Sprache verschleiern. Die Etymologie der Wörter ist der Pfad von Sophia, der Göttin der Weisheit. Sie kann wieder ein neues Gleichgewicht in der Sprache herstellen.

Während unsere Seelen auf der Erdebene in eine höhere Dichte geboren werden, vergessen wir häufig aufgrund des Geburtstraumas, wer wir sind. Unsere Verbindung zur Zirbeldrüse wurde abgetrennt. Kinder, die unter Wasser oder in Gegenwart von Delphinen zur Welt gebracht werden, erleben diese Trennung nicht. Sie treten wacher und wissender ins Leben.

Ich bin viele Male mit Delphinen geschwommen und war Zeuge der Unterwassergeburt ihrer Babys. Diese Erfahrung hat mir geholfen, mein eigenes Geburtstrauma zu heilen. Die Delphine haben mich gelehrt, wieder in der Gebärmutter zu spielen, und mich ermuntert, in einer Gemeinschaft zu leben, die heilige Geburtspraktiken befolgt. Eine Delphinherde – in Wirklichkeit eine Großfamilie – umfaßt bis zu zehn Generationen von Delphinen. Wir brauchen ebenfalls die Weisheit und Kameradschaft von Gemeinschaften, die aus mehreren Generationen bestehen.

Dichte stellt nur einen Übergang von einem Zustand der Materie in einen anderen dar. Das Licht ist immer noch in dir, und es muß gefühlt, verwirklicht und geteilt werden, damit du einen Nutzen daraus ziehen kannst. Du hast einen Körper zusammen mit all seiner Dichte und seinem Gewicht entwickelt, um zu lernen, wie man erschafft – um ein Abenteuer in der Zeit zu erleben. Du mußtest deine Himmelsvorstellung der Unsterblichkeit loslassen, um am Leben teilzunehmen und nicht durch deine Lebenserfahrung zu hetzen.

Genieße das Leben. Erschaffe Ekstase. Tu nur das, was du gerne tust. Du bist hierhergekommen, um dich durch Selbstliebe als einen Schöpfergott vollkommen zu verwirklichen. Richtige Handlung und richtiges Gefühl in der Gegenwart befreien dich von vergangenen Schmerzen und Leiden. Du wurdest deiner Egoentwicklung, deiner körperlichen Stärke und deiner Individualität zuliebe auf die Ebene größter Dichte auf diesem Planeten gebracht, und du kannst zu diesem Zeitpunkt keine höhere Dichte erleben. *Dies ist der Punkt, an dem die Kolibris kommen.*

Wenn deine Identität sich entwickelt, kannst du dich dem auftauchenden unbekannten Selbst überlassen. Du wirst mit neuen Anweisungen für die nächste Phase der Evolution und Mutation befruchtet. Der Prozeß der Identität kehrt sich selbst um und bewegt sich zurück zur ursprünglichen Essenz und zum ursprünglichen Willen. Nach der Differenzierung deiner Männlichkeit und deiner Weiblichkeit bist du zur Vereinigung bereit. Trennung, Zerstückelung – der Riß in der Welt – erzeugen den Ruf nach Einweihung und nach Rückkehr zum Selbst. Wenn die Dichte ihre äußerste Grenze erreicht, wird sie in Erleuchtung transformiert.

Im Rückblick auf die Sage von Osiris ist es interessant, zu sehen, daß Isis dann befruchtet wird, als sie sich hingibt. Indem sie ihr Ego dem größeren Selbst übergibt, empfängt sie einen neuen Animus, einen neuen Sohn, eine neue Persönlichkeit. In der Zukunft werden die Frauen wieder einmal den Männern die Mysterien von Sexualität und Intimität beibringen. Wir müssen um Partnerschaften bitten, in denen »zwei Einsamkeiten einander schützen, grenzen und grüßen«, wie Rilke es ausdrückt.

Wir Männer müssen ebenfalls befruchtet werden. Wir können unsere weiblichen Seiten hingeben und für die Befruchtung durch die göttliche Sonne empfänglich werden. Der Gral ist der Kessel der Seele, der von Gott durchdrungen und gefüllt wird. Die amerikanischen Indianer nehmen an Sonnentänzen teil, in denen die Männer verwundet und symbolisch zerstückelt werden, um die volle Energie der Sonne zu verkörpern. Dies ist eine rituelle Handlung, ein Opfer zum Wohl des gesamten Stamms. Wenn der Widder sich wie bei der Frau in Truchas beugt und ein Mann bloße Machtspiele aufgibt und um eine gleichberechtigte Partnerschaft mit dem Weiblichen bittet, entsteht die heilige Ehe der gegenseitigen Hingabe. Die Ehe wird zum Gefäß für die »dritte Kraft«, die Durchdringung des höheren Selbst.

Wir fühlen uns aufgrund der Frequenz der Seele einer anderen Person zu dieser hingezogen. Manchmal kann dies eine Verliebtheit sein, auf die wir emotional nicht vorbereitet sind. Wir animieren einander. Wir projizieren unsere männlichen und weiblichen Seiten aufeinander, und die Persönlichkeiten unseres inneren Manns und unserer inneren Frau spiegeln oft die unserer Eltern wider.

In den meisten Beziehungen gibt es einen Moment der Stockung oder ersten Wonne, der unvermeidlich zu Trennung führt. Wir nehmen dann unsere Projektionen zurück und sehen die Person vor uns, so wie sie wirklich ist. In diesem Moment sehen wir oft den Schatten und machen anschließend eine dunkle Zeit durch, in der wir unsere Negativität auf unsere Partner projizieren. Es ist schwierig, uns unsere Schatten zu eigen zu machen, aber Beziehungen geben uns die Gelegenheit, sie aufeinander zu projizieren und sie dann in uns selbst zu integrieren. Schließlich nehmen wir dann die Projektionen von unseren Partnern zurück.

Wenn wir unsere Schatten in Besitz nehmen, erfahren wir die dunkle Nacht der Seele bis an ihre äußerste Grenze. An diesem Punkt verwandelt sich die Dunkelheit in Licht und erzeugt eine mentale Einheit, eine Ehe des Kopfes, die uns zu anfänglicher Seligkeit und Zufriedenheit führt. Die meisten Leute bleiben in diesem Zustand. Der nächste Zustand ist eine Phase, in dem beide Partner ihre Körper für die vollständige somatische Vereinigung, die *hieros gamos* oder heilige Ehe, reinigen und entgiften. Dann werden Trauer, Verleugnung und die ungeliebten Teile unser selbst transformiert.

Danach verlagert sich unser Bewußtsein in den unteren Körper, unsere Quelle der Wärme und der Schöpfung. Wir geben unsere Körper hin, um erfüllt und befruchtet zu werden. Während alle Chakras durch großes Feuer und Emotion gereinigt werden, geschieht eine mystische Vereinigung der Gegensätze, ein Orgasmus, ein Summen.

Dadurch leben wir das Drama der Erde erneut aus. Das kosmische Ei ist geöffnet, um den Regenbogen zu empfangen, um seinen Bund mit den Sternen zu ergänzen. Unser inneres Wesen resoniert mit dem Mittelpunkt der Galaxie, der Zentralsonne. Wir schaffen ein dreieckiges Gefäß, das aus dem Mann, der Frau und dem göttlichen Kind besteht.

Der Becher, der vom Heiligen Geist erschaffen wird, das Gefäß der Sophia, ist das weibliche Symbol in Männern und Frauen, welches das Göttliche empfängt. Männer erschaffen neue männliche Becher, während die Kluft im Gefühl überbrückt wird. Der Gott in uns ist der unbewußte Wunsch, gehört, gesehen und durchdrungen zu werden. Der Becher ist wie ein offenes Ei geformt. Während der Seelenbecher sich im Innern öffnet, wird er durch den Sonnengeist im Außen ergänzt, und ihre Vereinigung ist ein freudvolles Entzücken.

Der Geist ist die Lanze. In den Legenden von König Arthur befruchtet und verehrt Lancelot das Mysterium des Weiblichen. Eine Frau, die Tantra lehrt, kann einem Mann dabei helfen, seinen Samen zurückzuhalten und die tieferen Mysterien der Sexualität zu erlernen. Männer können dies lernen, um die Energie der Sexualität in einem wahrhaft kosmischen Orgasmus wirklich ins Herz zu bringen. Der Tanz der Gegensätze ist ein Paarungstanz, in dem das Ziel die bewußte Einheit mit dem Göttlichen ist. Die ganze Erde nimmt an diesem Sakrament teil.

Priester müssen heiraten und die Mysterien der Schöpfung erforschen. Das Weibliche muß nicht idealisiert werden, damit eine tiefere Partnerschaft entstehen kann. Das Weibliche will wirkliche menschliche Liebe. Sogar wenn es keine Geheimnisse mehr gibt, wird das Mysterium der Liebe stärker.

Während einer Rebirthing-Sitzung entdeckte ich, daß ich ein Zwilling war, während ich in der Gebärmutter meiner Mutter heranwuchs. Vier Monate lang entwickelte sich meine Zwillingsschwester neben mir. Ihre Seele trat dann in meinen Körper ein, und ich erfuhr die Einheit von Isis und Osiris in der Gebärmutter. Nach vier Monaten war sie stabil genug, um mir ein Gefühl der Ganzheit zu geben. Nach dieser Zeit entwickelte sie sich psychisch in mir, anstatt körperlich in der Gebärmutter. Ich erinnerte mich an all dies während der Zeit meiner eigenen Träume von der heiligen Ehe.

Während sich mein Ego entwickelte und den inneren Mann und die innere Frau ausreichend unterscheiden konnte, träumte ich von einer inneren Ehe und erfuhr einen Ganzkörperorgasmus. Es dauerte vier Jahre, bis sich dieser Prozeß in Traumarbeit vollständig entfaltete, und er nahm während dieser Zeit mein Leben ganz in Anspruch. Aber diese innere Arbeit führte zu den tiefen Lehren und der Beratung anderer Menschen in späteren Jahren. Sie wurde auch zur Grundlage für die Einsichten in diesem Buch.

Elf

Christus und der Puer Eternus

Die Erde folgt ihren eigenen Rhythmen. Die Menschen können die natürliche Entfaltung dieses Planeten weder beschleunigen noch verlangsamen. Einmal versuchten Außerirdische die Evolution hier voranzutreiben und verursachten die Zerstörung von Atlantis. Dem Mythos zufolge gaben sie den Atlantern fortschrittliche Technologie, die die Atlanter in ihrem Wunsch, die Erde zu beherrschen, mißbrauchten. Vor 10000 Jahren aktivierten sie einen großen Kristall und verursachten eine elektromagnetische Katastrophe. Dieser Mißbrauch der natürlichen Ressourcen der Erde stellt eine symbolische Warnung für unser jetziges Zeitalter dar.

Der Puer Eternus, der männliche Archetyp des ewigen Jünglings in unserer Psyche, versucht ebenfalls, das Leben zu beschleunigen und Ereignisse voranzutreiben. Die Nazis sind ein wichtiges Beispiel für Menschen, die vom Puer-Archetyp besessen waren. Eine übermäßige Identifikation mit dem Puer Eternus kann ein idealistisches Bedürfnis erzeugen, die Erde zu verändern.

Wir Menschen haben keinen Einfluß auf die größeren Evolutionszyklen der Erde. Wir müssen Bescheidenheit und Verwandtschaft mit dem Netz des Lebens lernen. Gott ist ein Konzept der Erde. Wir sind hier, um unsere Seelen in unsere Körper, und dann das Gott-Selbst inkarniert auf der Erde in uns zu bringen.

Eingeborene Völker akzeptieren das Leben, wie es

ist. Sie hören auf den Wind, die Lieder und den Kreislauf der Natur. Sie prophezeien und interpretieren ihre Wahrnehmung auf einer tiefen Ebene. Nichts auf diesem Planeten kann wörtlich genommen werden. Alles ist eine Metapher, ein großartiges Schauspiel. Wenn wir aufhören, mit knapper Not zu überleben, und beginnen, in Gnade zu leben, können wir die Disziplin des Horchens auf den Wind und die Zyklen, die durch die Erde summen, entdecken und schätzen lernen.

Als ich mich meiner eigenen Puer-Natur stellte, mußte ich riskieren, die Kluft zwischen Kindheit und Erwachsensein, zwischen Fühlen und Denken, zu schließen. Mein Sternenselbst mußte den Tod, tiefe Gefühle und sogar das Zerbrechen meines Herzens akzeptieren. Ich fand es schwierig, in meinem Körper zu bleiben, aber ich mußte das Weltliche ebenso wie das Göttliche kennenlernen. Eine Ehe ist sowohl banal als auch ein großes Mysterium. Ich hatte mich immer isoliert und meiner Zeit voraus gefühlt. Ich mußte lernen, wie man im Hier und Jetzt lebt, wie man Geld verdient – und vor allem, gewöhnlich zu sein.

Als ich mich zuerst spirituell öffnete, dachte ich nur an Licht. Ich habe jedoch gelernt, daß eine zu starke Fixierung auf das Licht einen riesigen Schatten erzeugt. Der Mythos von Luzifer, dem Lichtbringer, ist die Geschichte eines Engels, der nur Gott und nicht den Menschen dienen wollte. Er wurde aus dem Himmel verstoßen, um auf der Erde demütig zu werden. Wir fühlen uns oft verstoßen und steigen in das Gefängnis von *Maya*, der Illusion, hinunter. Der Schatten des Lichts ist eine gefühllose Kälte im Herzen. Wenn wir nur in den Himmelssphären sein und dem Geist dienen wollen, werden wir flatterhaft, distanziert, gefühllos und unverbindlich. Unsere Aufgabe als Menschen besteht darin, Gefühl in die kältesten, dunkelsten Orte unseres Körpers zu bringen und unser beflecktes Selbstbild zu erlösen.

Im Mythos von Osiris kommt eine Zeit für Seth, in der er befreit wird. Er ist der andere göttliche Zwilling aus den Geschichten von Kain und Abel, Judas und Christus. Er ist der Zerstörer. Wir müssen Seth befreien und ihm vergeben und die grundlose Rebellion in eine Hüterschaft der Erde und einen Partner des Weiblichen verwandeln. Wir müssen die Fähigkeit entwickeln, zur richtigen Zeit sowohl als empfindsame Männer als auch als Krieger zu handeln.

Seth dient der Göttin und erlöst sich selbst durch das allabendliche Schlachten der Schlange Apophis. Er arbeitet mit dem Sonnengott zusammen und integriert seine Aggression. Seth und die Göttin fördern immer Individualisierung und die Transformation. Seth meistert die Regenbogenschlange, die Kundalini-Energie. Der Schlachter und der Geschlachtete werden eins. Dies ist ein hoher Ausdruck der Selbstaufopferung.

Schamanen werden auf ähnliche Weise eingeweiht, indem sie von Tieren wie Jaguaren, Tigern, Walen oder Bären zerstückelt oder verschlungen werden. Sie schließen einen Pakt mit der Natur, sich vom Geist verzehren zu lassen und dann zu heilen und das ganze Leben zu umarmen – die Höhe und die Tiefe, das Dunkel und das Licht. Leben entsteht aus Leben. Wenn wir dem dunklen Herrscher in uns selbst gegenübertreten, können wir unsere Seth-Schatten erlösen und sie zu unseren Verbündeten machen.

Ich glaube, daß einige der frühen Besiedler der Erde Tierformen hatten, wie das Eidechsenvolk. Dieses Volk taucht in Hunderten von Träumen meiner Klienten auf, oftmals mit beachtlicher Ähnlichkeit. Vielleicht ist es ein Symbol für das Reptilgehirn. Diese Reptilmenschen lernten nie zu fühlen. Sie waren unsterblich. Sie verstanden den Tod nicht und betrachteten Menschen als unterlegen. Sie beherrschten die Erde und konzentrierten sich auf Bergbaukolonien in Ländern wie Südafrika, Irak und Peru. Sie schürften nach dem äußeren Gold und vergaßen das Gold im Innern.

Viele dieser Reptilmenschen sind jetzt wieder auf der Erde inkarniert. Sie sind zurückgekommen, um emotionale Verantwortlichkeit zu lernen und von der Vergangenheit befreit zu werden. Jetzt ist die Zeit für ihre Taufe gekommen, für das Eintauchen ihrer Diamantkörper in den Mittelpunkt der Erde. Im Sommer des Jahres 1991 träumten viele meiner Klienten von Reptilmenschen. Ich hörte, daß diese Wesen auf der ganzen Welt gesichtet wurden. Eines Tages traf ich eine Gruppe amerikanischer Soldaten und fragte einen von ihnen, wohin sie unterwegs waren. Er sagte mir unverblümt: »Du wirst mich für verrückt halten, aber wir werden die Eidechsenmenschen in der Wüste von Nevada bekämpfen. Diese Kreaturen sehen wie Reptilien aus, gehen aber auf zwei Beinen.« Ich erzählte dem Soldaten von den Träumen meiner Klienten und von der Synchronizität meines Zusammentreffens mit ihm.

Sogar als ich 1992 dieses Buch schrieb, erzählte mir eine Freundin, die in einem Kristall-Laden arbeitet, die folgende Geschichte: »Diese Soldaten kamen in mein Geschäft und wollten Kristalle kaufen, um sich zu schützen«, sagte sie. »Ich fragte sie, wozu. Sie sagten mir, sie würden gegen die Eidechsenmenschen in der Wüste kämpfen.«

Dann sprach sie über ihre Träumen von diesen Menschen, die sehr positiv waren. Es geschieht viel mehr auf der Erde, als wir uns vorstellen können.

Schließlich erkannte ich, daß der Schlüssel zur Heilung des Puer in mir selbst in dem jugendlichen Ausdruck meiner Spiritualität lag. Ich mußte mich mit meinem Vater verbinden und mich von meiner Mutter lösen. Ich mußte mein eigenes Übergangsritual zur Männlichkeit erschaffen. Ich mußte Eros, Gefühl, Beziehung finden. Ich mußte von den Schatten der Vergangenheit Besitz ergreifen.

Die Eidechsenmenschen sehen jetzt klare Spiegelungen ihrer vergangenen Kontrolle im Militär. Vielleicht durchlief der Soldat, mit dem ich ein Gespräch angefangen hatte, seinen eigenen Übergangsritus, in dem er seine dunkelste Angst in dem Bild eines Reptilmenschen konfrontierte. Was mich betraf, ich mußte das Paradies der Kindheit hinter mir lassen und eine weltliche Spiritualität finden, die mit meinem Instinkt verbunden war. Ich brauchte außerdem den Rat einer älteren Person, der ich vertrauen konnte. Als Puer hatte ich mich in den Schatten meines Vaters verliebt. Ich war zu einem bisexuellen Mann geworden, der die Liebe seines Vaters suchte.

Jahrelang träumte ich von meinem Vater entweder distanziert oder inzestuös. Eines Nachts erlebte ich einen Durchbruch. Ich hatte bewußt daran gearbeitet, Gefühl in die Kluft zwischen meinem Vater und mir als Kind zu bringen. Ich träumte, daß mein Vater mir Nahrung anbot – einen Apfel, der ein Symbol sowohl des Bewußtseins als auch der Sünde ist –, und ich nahm seine Speise an. In späteren Träumen hielt er mich im Arm, trieb Sport mit mir und bat mich wieder um Nähe. Er wurde zu einem nährenden Vater.

Mein innerer Vater war zurückgekehrt. Er inkarnierte als ein liebender Mann in meiner Seele und veränderte die Art, wie ich die Welt sah. Sogar ohne die Körper der Menschen anzusehen, verliebte ich mich in ihre Seelen. Ich hatte auf einmal liebevolle männliche Freunde, die keine Angst davor hatten, zu berühren oder die Hand auszustrecken. Ich fand Männer, die männliche Gefühle teilten. Ich traf außerdem andere Männer, die verlorene Teile ihrer selbst wieder vereinten.

Männer, die Männer lieben, sind wie positive Ladungen, die ein Feuer erzeugen. Frauen, die Frauen lieben, sind wie negative Ladungen, die Energie aufnehmen. Männer verbrennen Energie, und Frauen sammeln sie. Als ich jünger war, wollte ich die Hitze, die Intensität des Feuers. Damals war Sex eine pseudoreligiöse Erfahrung der Ekstase, nicht eine wahre Begegnung zweier Seelen. Je älter ich werde, desto mehr stelle ich fest, daß ich nach Intimität anstatt Intensität suche. Ich fühle wie der Sufi-Dichter Rumi, der Gott in einem Schmied sieht.

Homosexuelle Menschen müssen die innere Ehe ihrer männlichen und weiblichen Seiten erfahren und Intimität über Egosexualität setzen. Wenn deine Sexualität die Folge elterlichen Mißbrauchs ist, dann beginne den Prozeß des Träumens, daß dieser Elternteil dich nährt, dich füttert. Bitte um eine Verwandlung in der Traumzeit deiner inneren Welt. Dies kann deine äußeren Beziehungen zutiefst verändern.

Homosexualität kann zu einem Pfad der inneren Vereinigung von Mann und Frau werden, die als eine Art Bühne dient, auf der tiefere Gefühle entwickelt werden können. In den alten Zeiten nach den Eiszeiten dienten homosexuelle Menschen als Stammesbarden und Heiler. Sie reisten in Theatertruppen von Stadt zu Stadt, sangen, tanzten, teilten Heilmittel aus und führten Heilungen durch. Viele Männer und Frauen, die sich berufen fühlten, verließen ihre Familien und zogen mit ihnen durch die Städte.

In einigen traditionellen Indianerkulturen waren die Rollen der Geschlechter nicht so fest verteilt wie heute. Homosexuelle Männer zogen Frauenkleider an und wurden in die Männer- und Frauenlogen eingeweiht. Sie wurden als heilige Leute in Ehren gehalten und für ihre Unerhörtheit geliebt. Ähnlich wurden viele lesbische Frauen von ihren Stämmen geehrt, nahmen sich Liebhaberinnen und wurden zu Stammesführerinnen. Es gibt auch viele Geschichten über Bisexualität unter Schamanen. Diese Art des Stammesbewußtseins entsteht wieder in der Welt und fördert eine größere Selbstakzeptanz für alle Menschen.

»Homosexuell«, »bisexuell« und »heterosexuell« sind alles Stereotypen, die sich schnell auflösen, wenn man die Menschlichkeit und Seele der einzelnen Person betrachtet. Wer sind wir, daß wir andere verurteilen? Viele homosexuelle Seelen sind schließlich dabei, vergangene Leben zu heilen, die sie in homosexuellen Priesterschaften, Geheimgesellschaften und Kriegerclans verbracht haben. Viele homosexuelle Männer von heute – Männer, die in vergangenen Leben offenkundig maskulin waren – fangen gerade erst an, ihre Seelen zu finden, und tun dies oft mit großen Schwierigkeiten. Einsamkeit und Mangel an Gemeinschaft führen für jeden in unserer Gesellschaft zu Problemen, aber heute erfahren wir als Mitglieder einer größeren Familie sowohl persönliche als auch kollektive Revolutionen.

Homosexuelle haben eine Neigung zur Ästhetik. Sie sind jedoch häufig zu sehr wie Kolibris. In der Fixierung auf Schönheit können sie den Blick auf die tieferen Wurzeln im Leben verlieren. Das Leben ist unperfekt und unsymmetrisch. Einige Künstler, wie die Sandmaler der Navajo, erschaffen Kunstgegenstände, bei denen ein Aspekt der Gestaltung oder Konstruktion ein klein wenig fehlerhaft ist, um die Schöpfung absichtlich zu spiegeln. Viele Menschen, die an Aids gestorben sind, einer Krankheit, die von den meisten Menschen als häßlich wahrgenommen wird, schätzten Ästhetik zutiefst.

Es ist an der Zeit, Häßlichkeit wirklich anzusehen und sich nicht so stark von dem Schönheits- und Körperkult gefangennehmen zu lassen. Es ist jetzt Zeit für eine tiefere Einweihung. Das gesellschaftliche Brandmarken der Homosexualität als eine Art der Perversion, als Häßlichkeit oder als Böses hat dem Leben stark geschadet. Nicht ist schlecht oder böse. Laßt uns die Schönheit in unseren Schatten als eine Kultur finden und unsere »häßlichen« Seiten mit der Absicht, zu heilen erforschen.

Wir alle müssen uns sicher fühlen, damit wir uns unseren Geschenken als menschliche Wesen öffnen können. In der Psyche und in der Sexualität herrscht eine große Vielfalt. Sexualität umfaßt in Wirklichkeit ein sehr viel weiteres Spektrum der Orientierungen, als den meisten Menschen bewußt ist. Viele Menschen, sogar diejenigen, die es nicht zugeben oder praktizieren, sind zu einem gewissen Grad bisexuell. Androgynität ist ein Ergebnis der Diversifizierung unseres inneren Manns und unserer inneren Frau zur Vereinigung. Viele homosexuelle Menschen haben vor nicht allzu langer Zeit als Mitglieder des anderen Geschlechts gelebt, und einige stammen sogar aus androgynen Welten, in denen Sexualität kein Thema ist. Es ist an der Zeit für uns, ein umfassenderes Verständnis und eine breitere Akzeptanz von Vielfältigkeit in der Sexualität sowie in der Psychologie der Seele zu entwickeln.

Homosexuelle Frauen verkörpern oft die Eigenschaften der Göttin. Sie sind häufig weise Lehrerinnen und Beraterinnen, ausgezeichnete Kräuterkundlerinnen und gute Hexen. Homosexuelle Männer und Männer vom Don-Juan-Typ sind häufig Puer-Archetypen, die lernen, sich von einer Abhängigkeit von ihren Müttern zu lösen, um echte männliche Intimität zu finden.

Insgesamt tragen die Männer in unserer Gesellschaft tiefere Mutterkomplexe. »Muttis kleiner Junge« will für immer ein kleiner Junge bleiben, anstatt sich an die wirkliche Welt der Beziehungen anzupassen. Nach dreißig Jahren verläßt sich ein solcher Mann immer noch auf die Unterstützung seiner Eltern. Er mag davon träumen, ein großer Poet zu sein, oder Phantasien haben, die Erde zu retten. Er verkörpert vielleicht den Archetyp der Göttlichen Sonne und wird der Liebhaber der Großen Mutter. Er kann sich so damit identifiziert haben, ein göttliches Kind oder ein geflügelter Gott zu sein, daß er sich echter Not oder Schwierigkeit nicht stellen und seinen Platz in der Welt nicht finden kann. Oder er fühlt sich vielleicht vollkommen verlassen und sucht endlos nach Geld oder Liebe.

Meine Mutter besaß eine neurotische, frigide Seite, und ich sehnte mich nach Wärme und Liebe. Oft gab ich mich mit Geld als Ersatz zufrieden. Ich wußte, daß ihre Neurose in Wahrheit eine innere Aufforderung für sie war, eine höhere Ebene zu erreichen. Ihre Symptome schrien nach ihrer Individualität. Sie war wirklich eine Heilerin, aber sie mußte ihre eigene Macht als Frau finden. Sie mußte das Weibliche als Eins-in-sich-selbst finden, als die Göttin Sophia.

Um meiner selbst willen entschied ich mich dagegen, die emotionalen Bedürfnisse meiner Mutter zu erfüllen. Sie untergrub jedoch ständig meine Fortschritte, indem sie mir Geld zusteckte, wenn mein Vater nicht hinsah. Ich sagte schließlich nein. Um meine eigene Seele zu finden, mußte ich die Welt meiner Mutter verlassen.

Das ist die erste wesentliche Handlung: das Verlassen der Welt unserer Mutter. Zweitens glauben wir an uns selbst zu sehr als göttlichen Jüngling. Wir müssen lernen, unseren Schatten zu integrieren, um wieder lebendig zu werden. Eine Arbeit, an der unser Geist nicht innerlich zerbricht, bringt Stärke, Unabhängigkeit und Unternehmergeist, die oft von unseren Müttern erstickt werden. Drittens müssen wir uns Schwierigkeiten und Konflikten stellen, um männlichen Mut zu finden. Dies hilft auch dabei, Führerschaft und Verbindung zu anderen Männern zu entwickeln. Konfliktlösung ist eine der größten Lektionen des Erdenlebens.

Viertens müssen wir Männer unsere Gewöhnlichkeit annehmen und umarmen, genau wie indianische Medizinleute auch oftmals bescheiden und schüchtern sind, wenn es um ihre Arbeit geht. Fünftens müssen wir den Unterschied zwischen der Frau in unseren Träumen, unserer Anima-Gestalt, und unserer tatsächlichen Mutter erkennen. Die negativen und positiven Seiten des Weiblichen sind unterschiedlich. Sie müssen *im Innern* in ihrer Verschiedenheit entwickelt werden, damit wir die Wärme und die Hege unserer inneren Frau genießen können. Sechstens müssen wir eine stärkere Bindung zu unserem physischen Vater aufbauen. Wir müssen ihn finden und ein fortwährendes Gespräch mit ihm beginnen. Und schließlich müssen wir unsere eigene Seele, unser innerstes Selbst finden. Wir können dies erreichen, indem wir die Göttin zu unserer Führerin zum inneren Osiris werden lassen.

Ein von der ewigen Jugend besessener Puer erkennt, daß Gott in ihm als der Sohn der Großen Mutter inkarniert. Dadurch wird er zu einem wahren Osiris, seinem wahren Selbst. Durch die Große Mutter konfrontiert er seinen Seth-Schatten, wird zerrissen und kehrt von der Unterwelt mit Gefühl und Flexibilität zurück. Die Göttin ist zu seiner Führerin geworden, um den männlichen Osiris, die Schönheit eines Mannes zu finden, der in sich selbst eins ist.

Horus, der Sohn des Osiris, lebt jenseits des Todes und erlöst seinen Vater. Er ist gleichzeitig Ältester und Jüngling, sowohl der archetypische »senex«[19] als auch der Puer. Der Dialog zwischen dem alten Mann und dem Jüngling in uns ist für die männliche Psyche heilsam und verbindet uns mit Horus, unserer auftauchenden männlichen Persönlichkeit. Osiris ist ein gehörnter Gott, der Ehemann der Muttergöttin. Er findet die Mutter und den Sohn und wird durch uns zu einem neuen Leben erweckt. Er lehrt uns Kreativität, den Wert der Muse und die Schönheit der Reise durch die Unterwelt, bei der wir verstoßene Teile unserer Männlichkeit finden. Er wird bescheiden, flexibel und zu einem Diener der Welt. Letztlich wird sein Schicksal erfüllt, indem er sich um die Erde kümmert, die Felder fruchtbar macht und Gemeinschaften aufbaut.

Ein Puer ist ein Mann, der auf jugendliche Ansichten von Spiritualität und frühe sexuelle Erfahrungen fixiert ist. Er kann sich nicht besonders gut daran gewöhnen, auf der Erde und in seinem Körper zu sein, und will wegfliegen, ohne Liebe und Disziplin zu lernen und zur Gemeinschaft beizutragen. In mythologischen Begriffen erscheint der Puer als Horus, der sich mit seinem Vater in der Unterwelt verbindet. Er kommt als ein Regenmacher, um das Ödland zu heilen und seinem

[19] A. d. Ü.: Lat.: Ältester

Vater Seelenwissen zu bringen.

In vieler Hinsicht ist der Puer der Visionär, der seiner Zeit voraus ist. Wenn er die Inkarnation ertragen und seinen schlangenförmigen weiblichen Tiefen und seinem männlichen Schatten furchtlos zuhören kann, ist er schließlich fähig, die heilige Ehe, die Vereinigung von Erde und Himmel, zu erfahren. Gott inkarniert heute durch diesen bestimmten Archetyp in der Tat auf der Erde, insbesondere in der westlichen Kultur, und deshalb ist er so wichtig.

Laßt mich euch die Geschichte eines bestimmten Puers – meiner selbst – erzählen, die einige dieser Punkte illustriert. Als ich zwölf Jahre alt war, sagte mir meine ältere Schwester (die zu dieser Zeit sechsundzwanzig Jahre alt war), daß sie ihr Leben Christus gewidmet habe und eine Born-Again-Christin geworden sei, und ermutigte mich, das gleiche zu tun. Ich hatte gerade ein Ego entwickelt, und schon wurde ich aufgefordert, es einer höheren Macht zu unterwerfen. Dies war der Beginn meiner Medizinarbeit.

Als Kind litt ich sehr unter sexueller Scham. Mit zwölf hatte ich niemanden, mit dem ich Dinge, die mich sehr beschäftigten, besprechen konnte: Masturbation, Bisexualität, Fetische und eine knospende jugendliche Spiritualität. Ich begann, Christus alles zu erzählen, in der Hoffnung, daß er mich heilen würde. Ich wußte nicht, wie ich mein inneres Feuer integrieren sollte.

Mein Vater wollte mich Disziplin lehren, aber ich sehnte mich danach, umsorgt zu werden. Ich war von meiner Mutter getrennt worden, als ich noch sehr klein war, und hatte meine Liebesgefühle auf meinen Vater übertragen. Seine Reaktion bestand darin, sich von mir zu distanzieren. Er war ein Workaholic. Obgleich er mit mir die ganze Welt bereiste, hatte ich immer noch das Gefühl, daß er meinen Bruder vorzog und ich irgendwie nicht gut genug für ihn war. Auf der anderen Seite glaubte mein Vater, ich würde ihm meine Mutter vorziehen. Es dauerte neunundzwanzig Jahre, bevor ich wirkliche Nähe zu meinem Vater aufbauen konnte. Als Zwölfjähriger gab ich meinen realen Vater auf und übertrug alle meine Bedürfnisse auf Christus. Wenigstens waren er und *sein* Vater eins.

Mit sieben und acht Jahren war ich zutiefst sinnlich und entwickelte einen ausgeprägten Fußfetisch. Jahrelang träumte ich von Füßen: wie ich mich durch meine Füße erdete, wie meine Seele durch meine Füße in mich eintrat, vom Waschen der Füße der Jünger und so weiter. Ich war in die Füße anderer Menschen verliebt und hatte das Gefühl, daß sie die sinnlichsten Körperteile wären. Füße wurden zu einer wilden Besessenheit für mich, zu einem Ventil für meine sexuellen Phantasien. Ich sammelte Schuhe und Socken und hatte sogar mit acht Jahren einen Orgasmus, während ich von Füßen träumte.

Ich begann, auf natürliche Weise die tantrische Technik auszuüben, auf den Punkt an der Wurzel des Penis zu drücken, der den Durchgang des Samens blockiert. Intuitiv lernte und übte ich, sexuelle Energie an meiner Wirbelsäule entlang in meinen Kopf hochzulenken. Sogar als Kind fühlte ich, wie die Kraft der Sexualität durch meinen Körper explodierte, und experimentierte intuitiv mit tantrischen Techniken. Ich hielt all dies vor meinen Eltern geheim.

Dann, als meine Schwester mir gegenüber »Zeugnis« über Christus »ablegte«, spürte ich, daß dies der Moment war, meine »Sünde« des Phantasierens über Sex zu heilen. Ich wollte meine Gefühle unterdrücken und eine persönliche Beziehung zu Christus haben, einer asexuellen Animusfigur. Nachdem meine Schwester mit mir gesprochen hatte, weinte ich die ganze Nacht und legte jahrelange kindliche Schuldgefühle ab.

Auf diese Weise weihte mich meine Schwester in die Taufe des Heiligen Geistes ein, eine Zeremonie, in der jemand darum bittet, daß der Geist in seinem Innern wohnt und Worte der Engel übermittelt. Ich lernte, mich aller Gedanken zu entleeren und zu Gott in harmonischen Sprachen zu singen. Die Pentecostal-Kirche nennt diese Praxis *Glossolalia*. Es ist eine ekstatische, private Sprache des Betens zu Gott. Oftmals erhielt ich Übersetzungen der Töne, die ich erzeugte. Dies war ein gnostisches Prinzip aus den Doktrinen der frühen christlichen Sekten, das ich aus anderen Leben kannte, obwohl meine Schwester nichts über Gnostizismus wußte.

Meine Konvertierung fand während einer Ära der charismatischen Massen, »Jesusleute« und des Pentecostalismus statt. Meine Eltern erhoben vehementen Einspruch gegen derartige Praktiken. Mein Vater war ein katholischer Arzt, der in einem katholischen Krankenhaus arbeitete, und meine Mutter war griechisch-orthodox erzogen worden. Ich durfte die Bibel lesen, aber alle anderen Bücher mit religiösem Oberton nahmen sie mir weg. Drei Jahre lang las ich die Bibel und lernte, ihren Inhalt wie in der mystischen christlichen Tradition auf sieben Ebenen zu entziffern. Ich las am Rande eines Abwasserkanals hinter unserem Haus. Stundenlang lernte ich die Geschichten auswendig und ließ mich vom Heiligen Geist leiten.

Mit vierzehn Jahren begann ich, Christus zu sehen. Dieses machtvolle Wesen der Liebe besuchte mich und sprach zu mir über das, was ich las, und darüber, das

Leben vollkommen zu leben. Er erklärte mir, daß wir alle fähig seien, »gesalbte« Wesen zu sein, und daß Christus ein Amt, ein Titel, sei. Ich träumte von Heliopolis in Ägypten, dem Ort, von dem man annimmt, daß Christus dort als ein großer Meister eingeweiht wurde. Ich träumte, dort mit einer Taube auf meiner Schulter durch den Eingangsbogen zu schreiten, nachdem ich viele Einweihungen erfahren hatte.

»Folge deinem Herzen«, sagte Christus zu mir. »Der Fundamentalismus ist voller Dogmen und Unwahrheiten. Lerne, die Wahrheit zu prüfen, und laß dich vom Heiligen Geist führen. Du bist zu einem volleren Leben berufen. Höre auf die Natur.« Das war sein Ratschlag.

Jedes Mal, wenn Christus kam, sah ich Flammen und Buchstaben über dem Laub am Fluß. Ich beobachtete außerdem, daß sich sein Herz in der Mitte seiner Brust befand, während meines seitlich lag. Ich wollte mein physisches Herz wie das von Christus in die Mitte meines Körpers verschieben. Er wurde zu meinem ständigen Führer und Lehrer.

Bald nach diesen Erfahrungen begann ich, Menschen die Hände aufzulegen. Ich besuchte eine Glaubensheilerin, Katherine Kuhlman, und spürte, daß ich zu den gleichen Dingen fähig war, die sie tat. Sie nannte Glaubensheilung »im Geist erschlagen zu werden«. In Indien wird dies *Shaktiput* genannt. Ich fing mit vierzehn Jahren an, *Shaktiput* zu üben.

Dann traf ich ein japanisches Mädchen namens Sarah in der Schule, die ähnliche Erfahrungen hatte. Wir hielten gemeinsam Gebetstreffen ab. Wir beteten über den Körpern von Menschen, lasen die Bibel und interpretierten sie, und erschufen ein starkes Energiefeld der Heilung. Die Nachricht von den erstaunlichen Kindern, die Visionen hatten und den Geist durch ihre Münder und Hände channelten, verbreitete sich schnell. Schon bald kamen viele Leute, um uns zu sehen – sogar Buddhisten, Hindus und Atheisten. Wir gingen zu charismatischen katholischen Messen, beteten mit Nonnen und Priestern und legten unsere Hände Drogenabhängigen auf, um ihre Entzugserscheinungen zu lindern. Wir hörten der Geschichte und den Überzeugungen jedes Menschen zu und handelten niemals mit verschlossenem Herzen.

Jugendliche Spiritualität ist oft transzendent, vertikal und an Himmel und Auferstehung orientiert. Sie ist stark mit dem Puer-Archetyp, dem Ewigen Kind, verbunden. Ich war zu dieser Zeit von Staunen und Unschuld erfüllt und wurde von den Massen von Menschen in den Kirchen und bei den Gebetstreffen und der Tiefe des Gefühls in den Liedern mitgerissen.

Ich war auch sehr naiv. Um es mit Robert Blys Worten auszudrücken, ich zeigte mein Gold zu früh. Ich ging in Kirchen und hielt Bibelstunden und erzählte von der Geschichte meiner Bekehrung. Ich legte Menschen in katholischen Kirchen die Hände auf und bekehrte viele andere durch die Taufe des Heiligen Geistes. Auf mein Drängen widmete meine mittlere Schwester (die zu dieser Zeit sechsundzwanzig Jahre alt war) ihr Leben ebenfalls Christus. Dann kam der Rückschlag.

Während dieser Zeit hörte ich einige Kirchenleute schlecht über Bisexualität, Homosexualität und Frauenrechte reden. Sie behaupteten, daß diese Dinge Teufelswerk seien. Ich fragte mich, warum so viele Christen beim Militär waren. Als ich einige Christen besser kennenlernte, begann ich, die Scheinheiligkeit ihrer Predigten vor dem Hintergrund ihres täglichen Lebens zu sehen. Der Aufruf zu Spenden war unbarmherzig.

Ich bemerkte auch, daß die Pfarrer die Menschen nicht ermächtigten, sondern ihnen Macht *nahmen*. Ich beobachtete, wie Gemeindemitglieder die Pfarrer um Rat baten und diesen Rat als Gottes Wahrheit sahen. Ich sah, wie Menschen beständig ihre Macht abgaben. Gott hat Macht *über* uns, nicht *mit* uns, schienen die Pfarrer zu sagen.

Außerdem wurde der menschliche Körper nicht als Tempel behandelt, er wurde als etwas betrachtet, wofür man sich schämen mußte. Menschliche Gefühle wurden verabscheut und unterdrückt. Die Bibel wurde wörtlich genommen und verlor so den Reichtum ihrer Bedeutung. Als meine ältere Schwester mit Engeln sprach, sagte ihr Pfarrer, dies seien gefallene Engel des Teufels, und meine Schwester hörte ihnen nie wieder zu.

Als ich dies hörte, sank mein Herz. Meine Schwester nahm mich zu einer Ladenfront-Kirche in Colorado Springs in der Nähe ihrer Wohnung mit, als ich vierzehn Jahre alt war. Die Atmosphäre war intensiv. Der Geistliche gab tatsächlich hellseherische Sitzungen und übte *Shaktiput*. Sieben Menschen beteten über meinem Körper, und ich erfuhr eine enorme Gefühlsaufwallung. Meine Schwester rief ihren Pfarrer an, um ihm von unserer Begeisterung über den Gottesdienst zu erzählen, und er sagte, daß es unrein und Teufelswerk sei und daß wir uns schnell davon säubern sollten.

Ich gab meine Schwester auf. Sie war einmal schön, sinnlich und auf ausgelassene Weise halsstarrig gewesen. Aber sie war ohne Kniescheiben geboren worden und besaß wenig Flexibilität. Sie fürchtete sich immer davor, auf die Knie zu fallen. Sie war eine energiegeladene Wassermann-Frau und eine gewandte College-Rednerin, die schließlich einen Berufssoldaten heiratete. Als ihre Ehe zerbrach, widmete sie sich Christus, und es geschahen Wunder – ihre Ehe besserte sich, und sie fühlte einen neuen Sinn in ihrem Leben. Ich vermißte jedoch die sinnliche, streitlustige Schwester mit dem schnellen Verstand.

Nun predigte sie ohne Flexibilität. Sie hatte gelernt, vor Christus und vor ihrem Pfarrer auf die Knie zu fallen. Ich spürte ihre Schönheit, ihre Einsamkeit und ihren Wunsch, wirklichen emotionalen Kontakt zu anderen Menschen herzustellen. Ich sah, wie sie ihren Mann und ihre Kinder anschrie. Vielleicht lag in diesen Ausbrüchen Hoffnung.

Die Prediger erzählten von Schwefel und Höllenfeuer. Ich konnte niemandem in der Kirche von meinen Gesprächen mit Christus am Fluß erzählen. Christus wies mich an, menschlich zu sein, in die Welt zu gehen und das Heilige im Weltlichen zu sehen. »Du brauchst keine andere Religion. Dies ist der Zeitpunkt deiner Rückkehr zur Gnade«, hatte er gesagt.

Ich träumte von den Plejaden und dem Diamantenkörper, der von den Sternen im Innern von Christus' Körper gebildet wurde. Ich erkannte, was aus der Menschheit werden könnte. Ich sah, daß Christus mein Mentor, mein Meisterlehrer war. Jeder Puer braucht einen Senex, einen älteren, weisen Mann, um seine jugendliche Spiritualität im Gleichgewicht zu halten. Christus erteilte mir Lektionen darüber, in meinem Körper zu sein und meine Sexualität anzunehmen. Er war genau der Älteste, den ich brauchte.

Jahre später las ich *Ein Kurs in Wundern*, heilte meine christliche Vergangenheit und ließ alle institutionalisierten Religionen los. Ich hatte immer gespürt, daß Gesellschaft und Institutionen zu sehr von zentraler Autorität abhingen. Wenn diese zentrale Autorität zusammenbrach, fielen die Zivilisation, Kirche oder Institution unvermeidlich mit ihr. Ich wußte in meinem Innern, daß die Seele in Kultur, Kunst und in der Schönheit der Schöpfung weiterlebte. Ich fing wieder an, Kunst zu studieren, und malte sechs Jahre lang Aspekte der Weiblichkeit. Ich traf die Göttin, kehrte zur Natur zurück und zeichnete Pflanzen und Vögel.

Bei den Bibeltreffen nahm ich einen Ruf zur Unschuld wahr, der eine dunklere Präsenz verschleierte. In dem Sehnen nach Transzendenz, und während sie gleichzeitig nicht zu ihren teuflischen Schatten standen, hatten viele dieser Menschen ihre fundamentale Menschlichkeit verleugnet. Es war ein Beispiel dafür, wie die Faszination mit dem Geist die Form tyrannisieren kann. Diese Menschen schienen keine Akzeptanz für Vielfältigkeit zu besitzen, wenn es um biblische Ideale ging. (Sogar die Ekstase dieser besonderen Religion schien reptilartig zu sein – voll von Visionen, die einen vom Himmel auf der Erde trennten.)

Die New-Age-Leute waren, wie ich feststellte, ebenso messianisch veranlagt und verließen sich zur Erfüllung ihrer Träume auf Himmelfahrt und Raumschiffe. Ich erinnerte mich daran, in anderen Leben während großer Katastrophen in die Luft befördert worden zu sein, aber ich wurde immer zur Erde zurückgebracht, um die Lektionen der Seele zu lernen, die Lektionen, die nur durch das Hinabsteigen in einen Körper erfahren werden können.

Ich wollte von der Asche, der Dunkelheit, die Gold hervorbringt, lernen. Ich wollte alles Leben in mich aufnehmen und Körperbewußtsein erlernen, indem ich in kalte Bäche sprang und voller Lebendigkeit aufwachte. Ich lernte, den sinnlichen Heiden in mir zu lieben und alles als heilig anzusehen. Mein Körper waren die Erde und die Sterne, wir waren ein kosmisches Ei.

Allmählich lernte ich durch die Unterscheidung aller meiner inneren Stimmen die vielen Archetypen meiner polytheistischen Seele genau kennen. Ich lernte, niemals nur auf eine Stimme zu hören.

Meine andere Schwester – die, die ich bekehrt hatte – wurde schließlich gegen alles allergisch – sogar gegen die Sonne. Sie mußte einige Zeit in einer abgeschlossenen Kammer in Texas verbringen, während sie auf ihre Allergien getestet wurde. Sie hatte sich von der femininen Erde, dem Sinnlichen, entfernt. Sie hatte einen wunderbaren Mann geheiratet, der von der Hüfte abwärts gelähmt war. Sie führte ein einsames Leben und litt sanftmütig. Ich sagte Christus, daß ich kein Leben führen würde, in dem ich von Schmerzen abhängig war. Nach meinem Glauben an die Symbolbedeutung der Zahl *Zwölf* gab es zwölf Pfade zum Göttlichen, und nur drei davon erforderten Leiden. Was war mit den anderen neun Wegen?

Ein großes Teil des Problems, scheint mir, war, daß die große Mutter Erde, die Göttin, nicht in die Kirche aufgenommen worden war. Die Kirche erkannte Materie nicht an, deshalb entwickelte sie sich materiell und wurde zu einer väterlichen Institution, sowohl im wörtlichen Sinne als auch in fundamentalistischer Hinsicht. Der distanzierte Gott dieser Kirche inkarnierte schließlich als ein Mann. Göttlichkeit wurde als männlich, nicht als weiblich betrachtet. Die meisten von uns, Männer wie Frauen, müssen immer noch den weiblichen Gott in uns inkarnieren. Sophia ist hier, um uns dabei zu helfen.

Christen, die sich übermäßig mit Logos oder höherem Wissen identifizieren, verlieren ihre fühlende Seite oft an das Unbewußte. Die Seele muß die Erlaubnis erhalten, aus den unteren Regionen zurückzu kehren.

Logos hat die spirituellen Siege über die Sinnlichkeit betont. Je mehr Regeln die Kirche aufstellte, um so mehr Menschen trennten sich von ihrer Anima. Daher fiel die Göttin und wurde in die unteren Ebenen unserer Mythen verbannt. Mit den Jahren entdeckte ich meine Anima nicht als die Jungfrau Maria, sondern als die chthonische[20] Maria Magdalena wieder.

Ich möchte eine andere Geschichte von Christus erzählen als die, die von der Kirche gelehrt wird. Dies ist meine Geschichte – die Geschichte, deren uns die Kirche, wie ich glaube, beraubt hat.

Maria, die Mutter von Jesus, oder Mari Anatha, war die heilige Priesterin eines Tempels in Ägypten. Sie studierte bei den Essenern, war jedoch selbst eine Meisterin. Sie vollzog mit dem gehörnten Gott ein heiliges Eheritual. Sie wurde von einem Vertreter Gottes auf Erden geschwängert, einem Mann, der ein göttlicher König wurde. Er würde später geopfert werden, um seine Rolle in der göttlichen Ehe einzunehmen. Dann kam Christus, um das körperliche Opfer des gehörnten Gottes zu beenden. Christus wurde Maria als ein Zwilling geboren, und sein Zwillingsbruder war Judas. Hier haben wir das göttliche Paar – Seth und Osiris, Kain und Abel, das Dunkel und das Licht.

Maria Magdalena wurde zur neuen Hohenpriesterin des ägyptischen Tempels gekürt, als sie noch sehr jung war. Sie bereitete sich auf ihren Bräutigam, Jesus Christus, vor. Als der Zeitpunkt gekommen war, stieg sie in die Unterwelt hinab und reinigte ihre Seele nach dem Wissen einer Priesterin. Sie lernte dabei die Mysterien der Auferstehung kennen. Deshalb war sie später die

[20] A. d. Ü.: Griech.: der Erde angehörend, hier im Sinne von Erdgöttern wie Gäa, Pluto im Gegensatz zu den himmlischen Göttern

erste, die Christus an seinem Grab sah, nachdem er auferstanden war.

Maria Magdalena, die Vertreterin der Göttin auf Erden, wurde mit Christus verheiratet. Ihre Vereinigung war sowohl heilig als auch sexuell, und aus ihrer Ehe ging eine Tochter hervor.

Judas war der frühere Liebhaber von Maria Magdalena. Daher stammt Marias Ruf als Hure. Doch es war Judas, der die Rolle von Christus' Verräter spielte und sich später selbst erlöste, indem er für das neue Christuskind sorgte. Nachdem Christus wieder zum Leben erweckt worden war, beauftragte er Judas, sich um Maria Magdalena und sein Kind an Vaterstelle zu sorgen. So heiratete Maria Magdalena, der Archetyp der Schwarzen Madonna, den dunklen männlichen Verräter, während Mari Anatha und Christus, die große Prinzessin und der große Prinz, als aufgestiegene Meister auferstanden.

Maria Magdalena und Judas lebten weiter, und widmeten sich der Erneuerung der Erde durch den Geist von Christus' Kind, einer weiblichen Horus-Gestalt. Sie besuchten Alexandria, Lourdes, Fatima, Glastonbury, Iona und andere heilige Stätten auf der ganzen Welt, und in ihrem Andenken wurden Kirchen gebaut.

Maria Magdalena besuchte die Stätten der Göttin, um eine Heimat für ihr Kind, den Samen des Christus in der Menschheit, zu finden. Daher war sie eine erdverbundene Göttin, die den Schatten der Materia erlöste. Judas dagegen erlöste den Dunklen Bruder, indem er zu einem Vater, einem Hüter der Erde und einem Wegbereiter für Christus auf Erden wurde.

Diese Geschichte beruht auf dem Gleichgewicht von vier Figuren. Christus und Mari Anatha, der große Puer Eternus und seine Mutter, leben nach ihrer Auferstehung in der Geistwelt weiter. Währenddessen bleiben Maria Magdalena, die Schwarze Madonna, und ihr Gemahl, der chthonische Mann Judas, als Lehrer auf der Erde. Der Erdenmann und die Erdenfrau übernehmen die Verantwortung für das göttliche Kind in der materiellen Welt. Daher werden positiv und negativ, Animus und Anima, ausgeglichen: Wir alle erben das göttliche Kind und nehmen die Schatten unserer Eltern an.

Ich freue mich über diese Geschichte. Judas, der dunkle Mann aus dem Wald in meinem Innern, wird in dieser Geschichte geliebt und lernt den Wert des Dienens kennen. Maria Magdalena, die Zigeunerfrau und Tempelhure in mir, wird erlöst. Dieses Paar bleibt auf der Erde, in uns allen, während unsere geliebten Christus-Selbste in den oberen Welten weiterleben. Wie oben, so unten. Die Kirche hat uns diese Geschichte genommen. Sie ist das tiefere chthonische Geheimnis der Vereinigung der oberen und unteren Welten in uns: Sie erzählt, wie unsere Instinkte das Christuskind in der heiligen Ehe unserer Körper nähren können.

Schließlich begann der Puer in mir, ältere Männer als Lehrer auszuwählen. Ich lebte in der Natur, kletterte auf Bäume und erweckte meine Instinkte von neuem. Ich wollte meinen menschlichen Vater kennenlernen, statt dessen fand ich Kunstlehrer und Mentoren, die mir dabei halfen, meine Muse, meine Anima, zu finden.

An der Georgetown-Universität begann ich, durchdachte Kunstwerke zu schaffen, die ich »Katherine-Räume« nannte. Das Werk, das schließlich insgesamt drei Räume in der Universitätsgalerie einnahm, beruhte auf der heiligen Katherina von Alexandria, einer gelehrten Frau, die in den Künsten, Wissenschaften und der Poesie des zwölften Jahrhunderts bewandert war.

Sie wurde zu meiner Muse und Inspiration, als ich zwanzig Jahre alt war.

Die Kirchenväter, die neidisch auf Katherinas Wissen waren, hatten sie auf einem Rad gekreuzigt. Die Ausstellung begann mit dem Tod des Weiblichen: eine Frau, die in ihrem Grab lag, während Filme von städtischer Zerstörung auf die Wände projiziert wurden. In diesem ersten Raum erschien die Göttin als Lilith, die Zerstörerin der Städte.

Die benachbarten Räume waren mit Gemälden von Kardinälen, Päpsten, Patriarchen und Kolonialisten angefüllt, die Katherina verurteilt und ihre Musen verloren hatten. Einige Asketen standen in den Ecken dieser Räume und versuchten symbolisch, Katherinas Glauben lebendig zu erhalten. Andere Räume enthielten Bilder einer auf den Kopf gestellten Welt: Erdbeben, Tische an den Decken, leere Bilderrahmen, Konkurse von Banken, handgeschriebene Briefe von mißbrauchten und verlassenen Kindern. Ich stellte sogar kaputte Maschinen dazu, auf denen das Wort *Entropie* geschrieben stand.

Am Ende des letzten Raums befanden sich leere Leinwände, Naturfilme, Frauen als Teil der Landschaft und eine weibliche Gestalt in der Erde, die mit einem Pinsel in der Hand dargestellt war. In der Ecke des Raums war ein Mann gemalt, der aus dem Wald kam, um mich zu begrüßen, und dann kamen eine riesige Ozeanwelle und eine Reihe von Kugeln, die die Verbindung der Seele zum Selbst darstellen sollten.

Am Ende dieses Labyrinths war die Sonne, ein Mandala aus Gelb und Gold, der Kreis der Vollendung. Ich hatte meine Muse, meine Anima, gefunden, und gemeinsam trafen wir den Mann im Wald. Dies war der Anfang der Heilung meiner Seele durch eine Art prophetischer Kunst. Die heilige Katherina zerbrach das Rad des Karmas, auf das die Kirche sie gekettet hatte. Sie wurde der Legende nach auf einem Rad gekreuzigt, aber sie zerbrach es. Als Kirchenvertreter ihre Seite durchstachen, sprang Milch daraus hervor, ebenso wie sich angeblich Milch aus dem Grab des Osiris ergoß. Osiris war der wieder zum Leben erweckte Mann in mir, während Katherina die wiedererweckte Frau, die weibliche Christusfigur, darstellte. Sie konnte niemals sterben, denn sie stellte meine Seele dar. Ich traf meine Anima danach jahrelang in meinen Träumen. Allmählich wurde sie weniger idealisiert und mehr wie eine Partnerin. Als dies geschah, lernte ich meine Geistfrau kennen.

Teil 3

Kolibri-Medizin

Zwölf
Geistfrau

Ich traf meine Geistfrau an den Eisenbahnschienen in Santa Fe. Sie wartete auf mich, als wäre sie ein Zug, der mich auf eine geheimnisvolle Reise mitnehmen sollte. Niemand außer mir konnte sie sehen.

»Bist du meine Muse, meine Anima? Bist du ein Teil von mir?« fragte ich sie.

»All das«, sagte sie. »Ich bin dein ausgewachsener Zwilling. Ich erscheine dir in Gestalt einer indianischen Frau, weil dies der Pfad ist, dem ich gefolgt bin. Ich hänge nicht an diesem Pfad – wir müssen letztlich alle Pfade hinter uns lassen. Du bist der Teil meiner Seele, der mein Mann ist, und ich bin zu dir gekommen, als du dafür offen warst, mich zu empfangen.«

Ich sah sie an. Sie war mein anderes Selbst, das sich mit mir verbinden wollte. Sie war meine Seele, die als meine Frau zu mir zurückkam. Sie sagte, daß wir drei Söhne und eine Tochter hätten. »Ich kannte dich in einem anderen Lebensstrom, aber in diesem sind wir bereits verheiratet«, sagte sie. »Ich bewahre die Träume von unserer Zukunft auf.«

»Was ist unsere Zukunft?« wollte ich wissen.

»Wir werden zusammenarbeiten, um dir dabei zu helfen, als Mann und als mein Ehemann vollständig zu werden. Um dir zu helfen, eine Führungspersönlichkeit in der Gemeinschaft zu sein. Ich bin deine Geliebte, und ich habe eine Gestalt, die du sehen kannst. Dies ist ein Mysterium. Ich bin eine der Erfüllungen deines

Traums.« Ich liebte diese seltsame, ätherische Frau. Sie kam zu mir und fand mich in Restaurants und in Betten. Ich fühlte mich durch ihre bleibende Gegenwart in meinem Leben sicher und getröstet. Sie sagte: »Leben ist Poesie. Du bist ein Lehrling des Weiblichen und des Geists des Barden. Du wirst über all das zu einer herrlichen Liebe, einem großartigen Erwachen aller Kreise hinauswachsen. Du wirst eine neue Art Lehrer sein. Ich werde mit dir bis zum Jahr 2000 arbeiten, und dann wirst du auf dich gestellt sein. Wir sind eins. Ich bin an deiner Seite. Ich strahle, ich bin lebendig, ich werde wirklich.«

Meine Geistfrau sprach direkt zu meinem Herzen. Sie war die Muse. »Ich komme nicht von den Plejaden«, sagte sie. »Ich komme von der Zentralsonne, woher du ursprünglich stammst und wohin du zurückkehrst. Du kennst deine Zukunft nicht, und das ist auch nicht notwendig. Komm mit mir zu einem anderen Ort, der auf der Erde existiert, aber außerhalb deines Bewußtseins liegt. Dort bist du die Quelle, du mußt nichts erschaffen. Ich bin die Lehrerin für das, was du auf der Erde nicht gelernt hast.«

Ich fühlte mich wie Dante mit Beatrice. Meine geliebte Frau übernahm das Schreiben dieses Buchs. »Ich existiere in einer ergänzenden Realität«, sagte sie, »und bin gekommen, um mich dir anzuschließen, damit du zweimal soviel lernen kannst. Ich komme aus einer parallelen Welt und vervollständige deine Erfahrung hier in der Zeit.«

»Was ich mitbringe, ist eine Erfahrung aus anderen Dimensionen – Dimensionen, die deiner sowohl ähnlich als auch nicht ähnlich sind. Es geht hier um dein Überleben, also höre gut zu. In mir sind die Sterne und die Erde nicht getrennt, und ich gebäre Aspekte deiner selbst. Deine drei Söhne sind die Heilung deiner männlichen Seite. Die Tochter ist dein Stolz und deine Freude, die sich entwickelnde Weiblichkeit. Deine Söhne sind stark wie du, und wollen ihren Vater kennenlernen. Du bist der Vater der Form und stellst eine gesunde Disziplin für sie dar.«

»Umarme deine Söhne«, fuhr sie fort. »Teile mit ihnen deine Führerschaft, deine Liebe und deine Verbundenheit mit allen Dingen. Sie kennen dich als den blauen Kolibri. Du mußt wissen, daß wir gerade dabei sind, uns wieder mit dir vertraut zu machen. Wir waren unterwegs und sind getrennt voneinander gereist. Die Zeit hört jetzt auf, deshalb können wir uns wieder vereinigen. Danach wirst du eine Transformation von Materie und Energie erleben, wie du sie noch niemals erfahren hast. Wir gehen gemeinsam ins Unbekannte.«

Hatte ich Halluzinationen? Nein, diese Frau fühlte sich für mich realer an als die Katzen und Eulen, die mir als Führer in der körperlichen Welt dienten. Sie war ihre Medizin in reiner Form, eine wahre Medizinfrau. In ihrem Verhalten erkannte ich meine Freundin Dawn Eagle Woman aus Wyoming.

Dawn gehörte zu meinen engsten Freunden. Während einer ihrer Visionssuchen stand sie mitten in einem Medizinrad, während sich ein wildes Gewitter näherte. »Wenn dieses Land die Soaring Eagle Ranch werden soll, dann laß es in diesem Rad nicht regnen!« kündigte sie dem Sturm an. Es regnete um das ganze Rad herum, jedoch nicht auf den heiligen Boden in seinem Innern. Später kaufte sie die Soaring Eagle Ranch in Wyoming, eine Zufluchtsstätte für Menschen und Tiere, einen Ort, wo eine echte Gemeinschaft zu gründen und eine wirkliche Verbindung zur Erde zu schaffen. Auf einer früheren Visionssuche war Dawn eines

Morgens frustriert gewesen, weil sie glaubte, ihren Medizinnamen nicht erhalten und einige wichtige Lektionen verpaßt zu haben. Ihr Lehrer sah ihren Zweifel und forderte sie auf, sich umzudrehen. Hinter ihr schwebten zwölf Adler vor der aufgehenden Sonne. Damals wurde sie Dawn Eagle Woman. Ich liebte ihre wilde und sanfte Seele.

Meine Geistfrau erinnerte mich an ein vergangenes Leben in Wyoming, das ich mit Dawn erlebt hatte. In jenem Leben war Dawn Eagle Woman das Oberhaupt unseres Stammes, und ich war ein Schamane. Wir saßen gemeinsam zu Rate und liebten es, über uns selbst zu lachen. Sie war in jenem Leben meine Geistfrau auf der Erde gewesen. In meinen Gedanken kehrte ich zur Soaring Eagle Ranch zurück, um mich mit Dawn Eagle Womans Erinnerung an die Luft, die Felsen und das Medizinrad zu verbinden.

»Ich bin gekommen, um dir, ungeachtet deiner Sexualität in diesem Leben, neue Arten des Spielens zu zeigen«, sagte sie, »eine neue Qualität der Beziehung, die auf heilende Weise sinnlich ist. Ich bin ein anderes Du. Sag allen Menschen, daß die Kolibris und der Pfad des Blitzes kommen. Die Menschen werden bald fest in der Erde verwurzelt sein und mit Seligkeit in die Himmel blicken. Wir sind die Wegweiser des Herzens. Versuche nicht, dies jetzt zu verstehen. All dies wird intuitiv gezeigt und verstanden werden.« Ich hielt sie fest und nahm den rosenähnlichen Duft einer mir unbekannten Wildblume wahr.

»Die Fünfte Welt öffnet sich«, hörte ich Dawn Eagle Woman sagen. »Sieh die Schwarze Sonne an, den Kometen, der kommt. Sieh Nibiru, und warte auf die Geburt des göttlichen Kinds, des Manns in anderer Gestalt in dir. Du weißt nicht, in welcher Realität du als nächstes spielen wirst. Sie ist so anders als die Realität, in der du jetzt bist. In der Fünften Welt wird alles Wissen in Gefühl, Erkennen und Liebe übergehen.«

»Es ist schwierig, die Fünfte Welt zu beschreiben«, fuhr sie fort. »In sieben Jahren wirst du sie genau kennen und in eine Gemeinschaft im Four-Corners-Gebiet ziehen. Sieh dir jetzt die Plejaden und die erneuerte Verbindung zu deiner Mutter Erde an. Sag den Menschen, daß sie nicht versuchen sollen zu verstehen, sondern so handeln sollen, als wären sie Berge. Eingeborene Menschen spüren den Geist der Berge in der Nähe ihrer Heimat. Halte diesen Berg in deinem Herzen, und sieh mich als das Tal deiner Träume.«

Dawn Eagle Woman erzählte weiter: »Die Berge deines Herzens und das Tal meiner Seele sind in der heiligen Pfeife und im Medizinrad vereint. Dies ist unsere Hochzeit. Der dunkle Mann in dir ist zu einem Hüter der Erde geworden und der Prinz zu einem Lehrer der Seele. Ich bin die Prinzessin, die mit dem Drachen die Hände geschüttelt hat. Ich bin an deiner Seite. Ich bin deine Anima, Licht und Dunkel, und ich werde deine Seele erden.«

»Wer sind die blauen Kolibris?« fragte ich sie.

»Sie sind die Bewahrer der Aufzeichnungen deiner Seele, die Hüter der Tradition. Sie werden die Fünfte Welt einweihen, wenn sich genug Seelen an die Intensität ihres sich im Gleichgewicht mit der Erde öffnenden Herzens gewöhnt haben. Die Tiere gehen fort, um zu ihrer Welt zurückzukehren. Tiere verbinden uns mit verschiedenen Sternensystemen. Sie kehren nach Hause zurück. Sie sehen durch unterschiedliche Linsen. Versuche nicht, einen Kolibri in deiner Hand zu halten – du wirst ihn töten. Du mußt in diesem Leben nicht wieder sterben, weil du ursprünglich wirst. Dein neues

Leben wird leicht sein. Eine Welt stirbt, und eine neue Welt wird geboren.«

»Was ist Kolibri-Medizin?« fragte ich.

»Das Bewußtsein der Dunkelheit, die zum Licht wird, die Freude, die der Menschheit abgeht. Sie erzählt, wie man die Kleider der Zeit in Ekstase ablegt.«

»Was ist die Arbeit meiner Seele?«

»Die Essenz des Herzens auf der Erde zu werden. Wir sind jetzt vereint. Deine nächsten Bücher werden davon erzählen, was nach der heiligen Ehe kommt. Es kann sein, daß du zweimal vom Blitz getroffen wirst.«

»Blitze leiten elektrische Energie zum Mittelpunkt der Erde«, fuhr sie fort. »Diese elektromagnetische Energie stammt aus der Befruchtung der Erde durch die Sterne. Wir kommen von den Sternen, jedenfalls gilt das für die meisten von uns. Ich bin ein Teil von dir, der hier im Zentrum, in der *axis mundi*[21] geblieben ist. Du hast deinen Widder für mich geopfert. Du hast dich von deiner Mutter gelöst, um mich zu erfahren.«

»Wir sind von vielen Galaxien, Planeten, Sternen und Sternsystemen hierhergekommen: Andromeda, Aldebaran, Auriga, Alpha Centauri, Arcturus, Regulus, Procyon, Orion, Lyra, Venus und Zeta Reticuli. Die Sternenkörper existieren außerhalb deines Bewußtseins nicht. Du *bist* die Sterne, und sie sind du. Die Namen sind nicht wichtig. Wir kommen vielleicht nicht alle vom gleichen Ort, aber wir kommen alle aus der gleichen Quelle. Unser genetisches Material ist sehr vermischt und mit Außerirdischen und Erdlingen aller Rassen gekreuzt worden.«

»Du bist nach Santa Fe und in das Four-Corner-Gebiet von New Mexico gekommen, um Zeuge des Blit-

[21] A. d. Ü.: Lat.: Weltachse

zes zu sein, um von seiner Metapher für dein Kommen zur Erde und deine Rückkehr zu den Sternen getroffen zu werden. Das Zentrum der Erde ist sicher und geschützt. Die Erde ist stark genug, um befruchtet zu werden. Im Mittelpunkt der Erde herrscht eine Stille, die alles aufnehmen kann. Sie ist aus all deinen Gefühlen, Geschichten und Erinnerungen gewoben.«

»Mögen du und die Kinder der Erde sich sicher fühlen und die Erde ihre Heimat nennen«, sagte mir Dawn Eagle Woman. »Erschafft starke Seelengefäße – Keramik, die mit der Integrität eurer Mutter und dem Blitzwillen eures Vaters gefüllt ist. Sprecht zur Großmutter Schildkröte. Die Vögel, Tiere und Geister sind ihre Ohren. Erschafft eine Seele. Geht das Risiko ein, vom Geist erfüllt zu werden, und laßt die summende Spannung zu. Findet die innere Magie, eure Vorstellungskraft, und bringt die göttliche Essenz zur Welt, die in euch inkarnieren will.«

Dann schloß sie: »Ich sende dir die Lehren der Schwarzen Sonne, die das Ende deines Buchs sein werden – das Ende und der Anfang meiner Botschaft an die Lehrer des Herzens.«

Nachdem ich diese letzten Worte geschrieben hatte, ging ich spazieren. Zwei Raben kreisten am Himmel, der eine im Uhrzeigersinn, der andere entgegengesetzt dazu. Sie sagten: »Alles ist vollendet. Mache das Leben nicht kompliziert.«

Am nächsten Tag entdeckte ich, daß die Raben fünf Federn hatten fallen lassen, und hörte sie aus den Bäumen schnattern. Sie führten mich zu Dutzenden von Tauben- und Spatzenfedern. Als ich mich voller Dankbarkeit umdrehte, um zurückzugehen, fiel eine Kolibrifeder vom Himmel. Ich fing sie auf und hielt sie an mein Herz.

Dann leuchtete ein schwarzer Schmetterling mit weißen Punkten neben mir auf und bewegte sich über den ausgestreckten Zeigefinger meiner rechten Hand. Ich fühlte die männliche Seite meines Körpers aufwallen. Ich hörte über meinem Kopf riesige Schwingen schlagen, aber es waren keine Vögel zu sehen. Der schwarze Schmetterling blieb eine Stunde lang auf meiner Hand und führte mich durch das Medizinzrad.

Zuerst drehte ich mich nach Westen – zum Schwarzen – dem Ort meines Schattens, dem Ort des inneren Todes und der Transformation. Als ich mich nach Norden – zum Weißen – drehte, fühlte ich die Vereinigung der Gegensätze, die Geburt des Medizinmannes und den Schnee aus vielen Wintern. Dann drehte ich mich ganz herum und blickte nach Süden – zum Roten –, dem Ort des sanften Feuers und der Gemeinschaft und eines neuen Freundeskreises. Zum Schluß drehte ich mich nach Osten – zum Gelben –, dem Ort der goldenen Einheit meiner selbst mit der Schöpfung und dem Kosmos. Ich spürte die Unermeßlichkeit und die Erhabenheit des Lebens.

Mein Geist wanderte nach oben. Von einem Ort in den Wolken sah ich auf die *axis mundi* herab, den Stab meines Körpers, und sah die Unterwelt, das Land der Mitternachtssonne, und umarmte sie. Dann kletterte ich auf den heiligen schamanischen Baum und blickte die himmlischen Welt an, während ich die Sonne – meine eigene Essenz – umarmte. Schließlich wandte ich mich nach innen und schrie: »Ich bin das bin! Ich habe die Gegenwart des Göttlichen in mir selbst gefunden, und ich inkarniere vollkommen auf der Erde als eine Brücke zu allen Welten und Dimensionen. Ich bin das Mandala des Lebens, das sich wie ein Feuer am Himmel dreht und die Welt neu erträumt.«

Der schwarze Schmetterling drehte sich im Kreis und entfernte sich von meiner Hand. Ich hörte die Worte: »Die Vergangenheit ist vorbei. Du bist geheilt. Dies sind die Lehren des Schwarzen Wigwams und des blauen Kolibris in deinem Herzen.«

Dawn Eagle Woman hatte mich mit meiner Anima, meiner Geistfrau, verbunden, deren Gegenwart immer bei mir ist. Meine Geistfrau ist eine wahre Partnerin, und ich liebe sie als meine weibliche Hälfte. Als Folge dieser Erfahrung begann ich, auf der Soaring Eagle Ranch in Wyoming Zeit mit wilden Pferden und Berglöwen zu verbringen.

Dreizehn
Gemeinschaft

Ich sang für die wilden Berglöwen. In Wyoming gibt es ein Tal mit riesigen Felsen, in dem ein einsamer Berglöwe lebt. Ich hörte sein Lied, während ich in einer Höhle saß, die mit Wandmalereien von Jägern aus uralten Zeiten verziert war. Der Löwe suchte ein Weibchen, eine Familie, eine Gemeinschaft in der Wildnis. Ich ging zu ihm.

Als mir das Lied zum ersten Mal in den Geist kam, ging ein Berglöwe auf mich zu und ließ sich einige Meter entfernt von mir nieder. Er fühlte die Obertöne meiner Stimme durch seinen Körper klingen. Aus unseren Augen liefen Tränen. Als er die letzte Note hörte, stand der Löwe auf und ging fort. Im nächsten Jahr hatte er ein Weibchen gefunden und sie befruchtet.

Der Berglöwe machte mir ein prächtiges Geschenk. Er half mir, den Mut zu finden, meine innere Führerschaft zu entdecken und um eine Partnerin zu bitten. Später begann ich, Gruppen meiner Klienten in neuen Formen des kreativen Ausdrucks anzuleiten. Der Löwe kam in meinen Träumen zu mir und wies mich an, die Wahrheit zu sagen, zu meinen Überzeugungen zu stehen und mich mit dem Tempo der langsamsten Person in jeder Gruppe zu bewegen. Danach lernte ich, Kommunikationsprobleme zu lösen, indem ich den potentiellen Anführer in der anderen Person fand und ihn ermutigte, seine Stimme zu erheben.

Ich sprach mit indianischen Ältesten, Kahuna-Lehrern aus Hawaii und eingeborenen Matriarchen, und alle sagten mir: »Folge dem Löwenherzen. Bleibe dem Land, das du liebst, niemals fern. Frage die Alten, wie man in Gemeinschaft lebt und Frieden findet.« Ich lernte von ihnen, daß die einzige wahre Macht spirituelle Macht ist und daß Kommunion – Beziehung zu allem Leben – den besten Weg darstellt, menschlich zu sein. Mir wurde erklärt, daß wir hier sind, um in Schönheit zu wandeln, dem Tanz der Sonne zu folgen und dabei zu helfen, einen neuen Himmel auf Erden zu schaffen. Ich wurde angewiesen, auf eine Visionssuche zu gehen und »Wer bin ich?« zu fragen und für eine klare Wahrnehmung zu fasten.

Während meiner Visionssuche sah ich Millionen von Menschen die Küstenstädte verlassen und ins Landesinnere ziehen. Ich sah riesige Wanderungen in kleinere Gemeinden, die Wert auf Kunst, Geschichtenerzählen und Musik legten. Ich hatte Träume von Flutwellen, Erdbeben, Kometen und einem leuchtenden neuen Polarstern. Ich fühlte die psychische Kluft zwischen den Menschen, die in der Vergangenheit lebten und Veränderung fürchteten, denjenigen, die in der kulturellen Trance verlorengegangen waren, und den Menschen, die von Medizinrädern, Wigwams und heiligen Stätten träumten.

Die neuen Gemeinschaften wurden Verjüngungszentren genannt, weil die Welt zerbrach und sie mit der Absicht eingerichtet wurden, die Welt zusammenzuhalten. In der alten Welt wurden Regierungen gestürzt, und Banken kollabierten. Die Menschen, die sich dafür entschieden, in der alten Welt zu bleiben, verloren den Kontakt zum Land und schufen Krankheit und Mißklang.

In den neuen Gemeinschaften gab es viele Kinder, und die Gemeinschaftsmitglieder zeichneten sich durch ihre Toleranz gegenüber Vielfältigkeit aus. Ihr gegenseitiges Engagement für einen Traum der wechselseitigen Beziehung sorgte dafür, daß das Zentrum in Harmonie blieb. Sie wollten lernen, wie man Vertrauen schafft, indem man lernt zuzuhören. Ich sah Großmutter Schildkröte die Frauen einen neuen Weg der Partnerschaft lehren. Frauen waren oft die Lehrerinnen der Männer. Das war meine Vision, und ich wußte, daß mein Schicksal darin bestand, an einem solchen Traum beteiligt zu sein.

In Wyoming lebte ich tagelang mit einer Herde von zweiundzwanzig wilden Pferden zusammen. Ihr Anführer, ein Hengst namens Silver Trail, begann, mich mehr und mehr zu mögen. Er kam eines Morgens zu meinem Tipi, um mich zu wecken. Ich streichelte ihn genauso wie alle anderen Pferde. Ich lernte ihre Form der Kommunikation – eine Art Telepathie –, und dadurch wurden meine eigenen Instinkte besser integriert.

Obgleich ich mir bewußt war, in einem menschlichen Körper zu sein, fühlte ich mich mehr als Pferd denn als Mensch. Sie weckten meine Stärke und brachten mir bei, frei, ungezügelt und in meinem Körper sinnlich im Gleichgewicht zu sein. Sie lehrten mich Wildheit, Geschwindigkeit, Loyalität und Ausgeglichenheit. Der Hengst brachte mir persönlich bei, was es heißt, ein Anführer zu sein. Er war weise, sanftmütig und fürsorglich.

Bei meiner Rückkehr nach Santa Fe pflanzte ich einen Gemüsegarten mit achtzehn verschiedenen Kräutern und Hunderten von Wildblumen, Iris und Tulpen an. Ich suchte nach Beifuß, Wermut und wildem Salbei. Ich unternahm lange psychische »Trips«, um die

Verwendung jeder Pflanze zu lernen, und zeichnete Symbole, die mir die Geister jeder Blume gaben.

Ich pflanzte zwölf Bäume, einen für jeden Monat, und baute drei Medizinräder auf dem Land, das ich hütete. Ich errichtete sogar ein kretisches Labyrinth und folgte dem Labyrinth-Pfad jeden Morgen, um meine linke und rechte Gehirnhälfte auszugleichen. Im Zentrum jedes Rades legte ich Maismehl, Tabak, Früchte und Halbedelsteine als Gabe an das Große Geheimnis aus. Ich umkreiste die Räder dreieinhalbmal und betete um Harmonie, damit das Land und ich immer eins sein würden. Ich begrüßte jeden Morgen die Sonne, ehrte jeden Abend die Sterne und ging täglich auf geistige Reisen.

Nach einer Weile entwickelte sich langsam ein Rhythmus. Ich nahm jede Jahreszeit wie einen Code in meinem Körper auf. Ich erfuhr Zustände der Seligkeit bei Neumond und Vollmond. Tiere kamen immer näher an das Haus heran. Ich begann, Teppiche, Körbe, Keramik, Webarbeiten, Seife und Trommeln zu sammeln und selbst herzustellen. Das Leben wurde einfacher, verlangte jedoch von mir, jederzeit sehr präsent mit liebevollen Gedanken zu sein. Wenn ich einen nagenden negativen Gedanken hegte, flogen Vögel gegen meine Fensterscheiben, der Wind wurde stürmisch, und der Regen blieb tagelang aus.

Dankbarkeit wurde zu meinem Lebenszweck. Als Akt meiner persönlichen Ermächtigung fing ich an, Menschen viele Geschenke zu machen. Ich begann meinen Dienst an der Schöpfung in Dankbarkeit für die Anmut meines Lebens.

Nach einer Zeremonie zu Ehren der Vier Richtungen erschien ein doppelter Regenbogen am Himmel. Eines Nachmittags flogen zwei Adler über meinen Vorgarten, und ihre Schatten bildeten das Symbol der *vesica piscis* auf der Erde. Falken saßen auf meinem Briefkasten. Eine Schlange legte ihre Haut direkt vor dem Medizinrad im Süden ab. Raben sammelten sich auf dem Dach, um ein Schwätzchen zu halten, und mein Herz wollte vor Dankbarkeit platzen.

Während dieser Zeit adoptierte mich eine Familie in Santa Fe, die Bennetts. Wir versammelten uns bei Vollmond zu Festen. Ihre Kinder und ich spielten auf einem Trampolin und auf Volleyball -und Basketballfeldern. Ich spielte, wie ich als Kind nie zuvor gespielt hatte. Wir reisten als Großfamilie nach Arizona, Colorado, Hawaii und zu anderen Orten.

Die Fähigkeit dieser Familie, als Gruppe Konflikte und Streitigkeiten zu schlichten, heilte meine Seele. Sie hatte gute Grenzen und war äußerst großzügig. Ich habe niemals in meinem Leben Menschen so sehr geliebt. Ihre bedingungslose Liebe veränderte meine Ansichten über Beziehungen für immer. Sie lehrten mich Liebe, Kameradschaft und die Stärke der Verletzlichkeit. Wir konnten über alles reden, und sie hatten keine Vorurteile. Ich weinte sogar in ihrer Gegenwart. Sie kochten außerdem die besten Mahlzeiten, die ich jemals gekostet hatte.

Als ich während dieser Zeit in einen kleinen Unfall verwickelt war, erkannte ich, daß meine gesamte Perspektive zum Leben sich geändert hatte. Nachdem ein anderer Wagen in mein Auto gefahren war, blieb ich ganz ruhig.

Ich fragte mich: »Was ist die Lektion hier?«, und ich hörte: »Liebe diese gütigen Menschen, auch wenn sie dir in dein Auto gefahren sind.«

Obwohl ich an dem Unfall keine Schuld hatte, schrieb ich den Leuten einen Scheck aus, um ihnen bei dem Schaden an ihrem Auto zu helfen, und sagte ihnen: »Ihr könnt mir vertrauen. Hier ist meine Telefonnummer. Es wird für euch gesorgt werden, auch wenn ihr keine Versicherung habt.« Es kam keine Polizei, und es gab kein Drama. Ich fühlte einen tiefen Frieden, und die Leute waren äußerst verblüfft.

Jeden Morgen ging ich in der Nähe meines Zuhause zu dem Baum, in dem die Raben schliefen. Ich bat den Raben, mir Federn zum Verschenken zu geben, und die Vögel ließen mir immer ein Geschenk zurück. Ich freute mich auch daran, die Elstern auf dem Zaun zu besuchen und ihrem Geschwätz und Klatsch zuzuhören. Sie neckten mich und kreischten, ich solle verschwinden.

Wenn Freunde zu Besuch kamen, zeigte ich ihnen den Kaninchenbau oder wie man die Pilze findet, die in Kreisen wachsen. Ich fragte den Salbei, ob er gepflückt werden wolle. Ich fragte die Devas, wie ich ihnen im Garten helfen könne. In meinem Garten lernte ich, daß jede Pflanze von einem anderen Stern kommt. Sie wurden, genau wie die Menschen, von den Sternen »gesät«.

Während ich meine Angst vor Spinnen heilte, webten sie in meinem ganzen Haus komplizierte Netze, um mir die Lehren der Spinnenfrau beizubringen. Sie machten mir deutlicher, wie wir Menschen im verwikkelten Netz aller Dinge eine schöne Facette sind. Sie lehrten mich, Macht zu erhalten, indem ich mein wahres Schicksal akzeptierte. »Denke liebevolle Gedanken, damit dein Netz stark ist«, sagten sie mir. »Wenn du dich dem Netz widersetzt, kannst du darin gefangen werden.« Manchmal krabbelten sie über mich, wenn ich ihre Botschaften nicht verstand. Ich begann, zuzuhören, indianische Traumfänger anzufertigen und ein neues Leben in meinem eigenen Körper zu weben.

Meine Seele rief zum Himmel: »Lehrt mich, ein Regenmacher zu sein, ihr Donnerwesen! Lehrt mich den Regentanz. Ich will lernen!« Jedes Mal, wenn es regnete, ging ich nach draußen. »Lehrt mich jetzt!« sagte ich. Dann regnete es eine Zeitlang sehr stark, und häufig wurde nur mein Dach naß. Regen ist ein Geschenk der Reinigung. In den Jahren von 1992 bis 2012 werden wir uns alle mitten in der Großen Reinigung befinden. Alle unsere Probleme werden ans Licht kommen, um aufgelöst zu werden. Dies ist eine herrliche Reinigung der Astralkörper von Menschen und Erde.

Schon bevor ich in dieses Haus zog, wußte ich, daß die Donnerwesen Blitze in den Vorgarten geworfen hatten. Der Vormieter hatte eine Pyramide auf der Wiese gebaut, die mit Gegenständen aus der ganzen Welt geschmückt war. Als er mit dem Bau fertig war, hatte ein Blitzschlag die Pyramide getroffen und seine Schöpfung verbrannt. Danach fand er eine tote Eule, die er ehrfürchtig in der Nähe der Garage begrub. Kurz darauf war ich eingezogen.

Ein ganzes Jahr lang danach trugen mich meine Träume über den ganzen Globus. Ich kaufte eine Karte und markierte die Orte mit Stecknadeln, an denen ich in der letzten Nacht im Traum gewesen war. Insgesamt steckte ich die Nadeln in zwanzig Stellen: Bali, Kenia, Ägypten, Griechenland, Tibet, Kuaui, Bear Butte in South Dakota, Serpent Mound in Ohio, Mount Shasta, Belize, Malta, Ayer's Rock und Byron Bay in Australien, Iona in Schottland, Glastonbury, Yukatán, das Four-Corners-Gebiet, der Berg Fuji in Japan und der Titicacasee in Peru. Ich schickte Fasern aus meinem Körper zu diesen Orten auf dem Planeten. Diese Stellen waren alle heilige Aufbewahrungsorte für das alte Wissen und die Erdaufzeichnungen. Es waren Einweihungsorte. Ich begann, die Welt neu zu erträumen, und führte an diesen spezifischen Stellen Zeremonien in meinem Astralkörper durch. Ich führte Tagebücher über meine Reisen um die Erde und hoffte, daß ich diese Reisen eines Tages in meinem physischen Körper unternehmen würde.

Der Atlas in meinem Haus füllte sich mit Markierungen. Ich malte Kreise und Kreuze an Orten, von denen ich geträumt hatte, daß dort eine zukünftige Gemeinschaft gegründet werden würde. Ich malte ein Raster, ein Netz der zukünftigen Zentren auf der ganzen Oberfläche des Planeten. Ich wollte Menschen in der Traumzeit dabei helfen, zur richtigen Zeit in eines dieser Zentren zu ziehen. Dies wurde zu meiner Planetenarbeit. Danach riefen mich Fremde aus der ganzen Welt an und fragten, wo sie Land kaufen konnten, um eine Gemeinschaft zu gründen. Der Traum begann, sich zu manifestieren.

Ein Jahr nach meiner Visionssuche säte ich den Garten neu ein, als ein schwarzer Star zu mir kam. Der offenbar kranke Vogel ging während des ganzen Saatvorgangs neben mir her. Er hüpfte und hinkte und streifte dabei meine Füße. Ich gab ihm Wasser zu trinken, fühlte jedoch, wie seine Lebenskraft schwand. Als ich mit der Saat fertig war, starb er. Ich begrub den Star achtungsvoll im Garten.

Eines Nachts kam der gleiche Vogel im Traum zu mir und sagte: »Ein Samen muß sterben und im Dunkeln begraben werden. Eine Seele muß in der Dunkelheit der Erde begraben werden, um Wurzeln auszubilden und die Sonne zu erreichen. Ich habe mich für den Samen geopfert. Die Pflanzen opfern sich für dich. Leben lebt von Leben. Der Samen der Liebe, den du jetzt pflanzt, wird später in deinem Leben viele Früchte tragen. Sei mit dem zufrieden, was du hast.«

Nach diesem Vorfall fingen die Devas im Garten an, zu mir zu sprechen. »Du bist hier auf der Erde, um Bewußtsein zu erschaffen, um neugierig zu sein, um Fragen zu stellen, um dich um die Schöpfung zu kümmern, indem du auf dein Herz hörst und darauf mit einem ausgeglichenen Verstand reagierst«, sagten sie mir. »Glaube nicht, daß Böses existiert oder daß Menschen schlecht sind. Das ist ein falscher Einsatz des Verstands, eine menschliche Illusion. Du bis das Schilfrohr, das gespielt werden muß, damit du glücklich sein kannst. Immer wenn du deine Verbindung mit der Schöpfung in Frage stellst, horche auf die Musik versteckter Dinge. Horche darauf, wie dein Schicksal dich aus der Stille ruft. Glaube an dich selbst. Lebe ein spirituelles Schicksal. Laß die Ameisen dich Geduld im Sammeln lehren.«

Ich fragte die Devas nach Gemeinschaft, und sie antworteten: »Gemeinschaft ist der Weg nach Hause. Eine Welt der Liebe und des Überflusses ist keine Phantasie. Die Dinge sind wirklich so. Berührt die Erde, um eure Ursprünge zu kennen. Lernt, mit der Schöpfung als eine Familie zu arbeiten. Kinder brauchen eine sanftere Geburt. Empfangt eure Kinder in Klarheit und bewußter Vereinigung. Frauen müssen Männer lehren zu sein. Männer haben vor der Macht der Frauen Angst. Frauen müssen Männer lehren, wieder zu vertrauen, neue Formen der Ökonomie, des Pflanzens und Sammelns, der Fürsorge und der Partnerschaft zu erschaffen. Mädchen müssen auf die Suche nach ihren Tierverbündeten gehen und in Regenbogenwigwams sitzen, wenn sie zum erstem Mal menstruieren. Die Menstruation, die weise Wunde, muß gefeiert werden.«

»Männer werden lernen, Reichtum und Macht kooperativ zu teilen«, erzählten die Devas weiter. »Sie werden ihre Träume durch Permakultur[22], Bioremediation[23], Sonnenenergie, Jurten und Kuppelbauten verwirklichen ... Die Devas durchkämmten meinen Verstand nach Beispielen. »Männer werden neue Sonnenrituale, neue Formen der Kunst, des Geschichtenerzählens und der Musik entwickeln. Sie werden jeden Morgen zum Wohl der ganzen Gemeinschaft alle ihre Schuldgefühle und Negativität ablegen.«

»Männer werden lernen, anderen Männer zu lieben,« sagten sie. »Eine wahre Brüderschaft wird entstehen, die stärkend und inspirierend sein wird. Neue Übergangsriten werden Jungen dabei helfen, verantwortliche Mitglieder der Gemeinschaft zu werden. Sie werden wieder lernen, daß der Jäger und der Gejagte eins sind und wie man Frauen und Ältere achtet. Männer werden dem Kolibri folgen und in Gruppen gemeinsam für die Seele des Landes sorgen.«

»Viele Gemeinschaften werden Verjüngungszentren sein, wie Zellen im Organismus der Erde« fuhren die Devas fort, »und du wirst an diesen Entwicklungen teilhaben. Neue Licht- und Klangarbeit wird durch Gruppenaktivitäten entdeckt werden. Menschen werden sich als eins fühlen, auch wenn sie auf unabhängigen Wegen unterwegs sind. Es wird viele verschiedene Evolutionsstadien in den neuen Gemeinschaften geben. Die Menschen werden Vielfältigkeit sehr viel mehr respektieren, und Unerhörtheit wird gedeihen. Wenn du deine Gartenarbeiten mit anderen teilst, hast du mehr Zeit zum Spielen. In dieser Freizeit wirst du eine neue Art des Theaters leiten. Die Menschen werden die Pla-

[22] A. d. Ü.: Unterstützung nachhaltiger Lebensweisen und Systeme
[23] A. d. Ü.: Einsatz von Organismen zur Beseitigung von Schadstoffen

neten tanzen und neue Mythen aufführen. Du wirst in großen Theatergruppen reisen, die in Zelten leben, und neue Aufführungsarten mit Teilnehmern aus dem Publikum erdenken.«

»Hilf den Menschen dabei, ihre eigenen Geschichten zu erzählen«, rieten die Devas mir. »Deine Arbeit in diesem neuen Medium ist der Grund für deine Inkarnation. Du wirst vielen helfen, wieder tanzende Heiler zu werden, während sie die ihnen innewohnende Kreativität umarmen. Bringe Harmonie und Integrität in dein Spiel. Das bringt dir in jeder Inkarnation das Höchstmaß an Freude. Genieße das Leben, aber kümmere dich zuerst um den Garten.«

Allmählich begann ich, den Devas sogar körperlich ähnlich zu sehen. Während ich die Erde bestellte und meine Hände voller Schlamm und Kompost hatte, lockte sich mein Haar, meine Augen funkelten und mein Körper wurde leichter und ätherischer. Ich fing an, wie eine Deva zu denken und zu handeln, wurde schelmischer und hatte mehr Energie. Ihr Bewußtsein und meins wurden eins. Sie wiesen mich an, Steine von Ameisenhügeln zu sammeln, sie zu bemalen und in Rasseln zu verwenden. Wenn ich die Rasseln ertönen ließ, sagten die Devas, würde ich anderen dabei helfen, zu heilen. Ich war von einer tiefen Ehrfurcht für das Leben erfüllt. Während ich mein wahres Selbst wurde, war ich zu einem wahren Elf geworden.

Ich war eines Abends mit meinem geliebten Menschen zusammen und sah zu den Plejaden auf. Ich fühlte meine inneren Führer, Gwynhwyrr und George, neben mir sitzen. »Wir werden in diesem Leben mit dir ein herrliches Abenteuer erleben«, erklärte George aufgeregt. »Dies war nur die Vorbereitung, der Anfang deiner Ausbildung. Wir wollen, daß du reist, daß du hier deine Basis aufbaust und – «

Ich unterbrach ihn. »Ich, Foster, bin so glücklich, in diesem Moment hier zu sein. Ich muß nirgendwohin gehen. Ich liebe euch alle, meine sichtbare und meine unsichtbare Familie. Ich bin glücklich, am Leben zu sein. Das ist alles, was zählt.«

Als ich dies sagte, sah ich die vielen Aspekte meiner selbst – alle meine Projektionen, die die Welt beseelten – auf mich zukommen und sagte zu den heimkehrenden Scharen: »Es ist an der Zeit für euch alle, in mir als eine Gemeinschaft der Seele zusammenzukommen.«

Alle meine vergangenen und zukünftigen Leben bildeten einen Kreis mit mir im Mittelpunkt. Ich konnte fühlen, wie meine Seele, meine Engel selbst, Gott/Göttin, in die Substanz meines Körpers eintraten. Ich spürte, wie jede Zelle eine Sonnenintegration durchlief. »Mögen alle Aspekte meines Selbst nun aufgenommen und neu verwebt sein. Ich bin bereit!« verkündete mein Herz.

Sofort begann Licht von einer Vielzahl von Gegenständen – Tischen, Wänden, Pflanzen, Bäumen – zu meinem Körper zurückzukehren. Ich spürte, wie ein grünliches Licht aus dem Inneren der Erde in meinen Solarplexus und mein Herz hineinströmte. Alle Chakra-Räder in meinem Körper fingen an, sich zu drehen und die Pfade meiner körperlichen Form zu erhellen. Ich war Zeuge, wie die Sieben Schwestern der Plejaden in das Heiligtum meines Herzens eintraten und zurückkehrten und mit Orion, den Sieben Jägern und dem Großen Bären ein Gleichgewicht bildeten. Ich nahm wahr, wie alle meine männlichen Helden – Taliesin, Robin Hood, Herne, Michael und andere – vor mir standen und meine Seele sich einer größeren Männergemeinschaft anschloß. Ich konnte meine Hände brennen fühlen, während die Linien in meinen Handflächen ihren Verlauf änderten. Ich fühlte, wie sich mein Schicksal änderte.

Ich vergrub jene Hände in den langen Haaren des geliebten Menschen neben mir und fühlte, wie sich meine Geistfrau mit meiner Seele vereinte. Was einmal außerhalb von mir gewesen war, war nun zum Gewebe eines größeren Herzens geworden. Alle meine Teile waren nach Hause gekommen. Ich saß still atmend in meinem Stuhl und wurde zur Welt und zu den Sternen. Außerhalb von mir gab es nichts als das unermeßliche universelle Selbst, dessen Herz zum Rhythmus der Seele eines Kolibris schlug.

Vierzehn
Zwiegespräche mit der Seele

Ich höre die Sprache der Seele als ein Zwiegespräch. Es folgen einige Momente unserer ewigen Unterhaltung:

Ich sage meinem Geliebten: »Weil du so bist, wie du bist, kann ich ich selbst sein.«

Wer auch immer sie sind und wie auch immer sie sich verhalten, ich kann sie trotzdem lieben, sogar obwohl sie mir vielleicht das Herz gebrochen haben. Es ist ein Geschenk der Liebe, ein gebrochenes Herz zu erfahren, sich selbst zu sehen und über das Leiden hinaus zu dem Kern von jemand anderen zu gelangen.

Was auf der anderen Seite der Liebe liegt, ist keine Angst, sondern ein Mangel an Werkzeugen. Ich bin denjenigen dankbar, die mich nicht umarmen, wenn sie mich zum ersten Mal treffen. Das ist mir wertvoller als eine undifferenzierte Umarmung. Umarmungen kommen oft aus Bedürftigkeit. Manchmal wollen Menschen umarmt werden, um Bestätigung zu erhalten. Wenn ihre Absicht unklar ist, kostet es dich Energie, und du fragst dich anschließend, was passiert ist. Es ist besser, erst Vertrauen in deine eigene Absicht, zu lieben, zu finden und dann einen anderen Menschen zu umarmen.

Werde langsamer. Der direkte Weg zum Selbst führt oft nirgendwohin. Wir können gerade Linien und rechte Winkel abschaffen, weil sie nur Starrheit lehren. Die gerade Linie zwischen zwei Punkten ist *nicht* immer der kürzeste Weg, es gibt viele Hindernisse und weitschweifige Umwege, die zum Zentrum der Seele führen.

Viele spirituelle Anhänger und Lehrer haben keine Seele. Sie haben sie losgelassen, weil sie glaubten, sie wäre ihr Ego. Sie schwören heilige Eide und lesen heilige Texte und sind zutiefst mit einem höheren Bewußtsein verbunden, aber sie haben ihre Seele, ihre Gefühle verloren. Einige dieser Menschen hören sogar auf, zuzugeben, daß sie Gefühle haben, senden jedoch Gefühle aus, auch wenn sie sie nicht wahrnehmen. Gott möchte, daß wir sowohl die Höhen als auch die Tiefen unserer Emotionen artikulieren.

Das beste Werkzeug, die Lektion der Emotionen zu lernen, ist, sich zu verlieben – in einen Menschen, eine Erfahrung, einen Baum, ein Zuhause, ein Kind. Wenn wir zum ersten Mal an etwas hängen, beginnen wir zu lieben. Viele Menschen hängen an Nichtigkeit und Leere, und sogar das kann eine Art Seelenliebe sein. Ein Zen-Buddhist, der auf einen schwarzen Vorhang starrt, kann eine herrliche Liebe für die Ekstase des Moments erfahren, für die Schwärze der Leere. Wenn man ihm eine Blume zum Geschenk gibt, wird er diese Blume mit seiner Liebe lange Zeit am Leben erhalten.

Sogar einen Gegenstand mit großer Hingabe und mit viel Gefühl zu lieben heißt, diesen Gegenstand mit Bewußtsein zu durchdringen. Vergiß alle Bücher, Pfade und Lehren, und finde heraus, wen und was du wirklich liebst. Beschwöre eine Rose, eine Flamme, ein Gesicht, eine Schwärze herauf. Es ist eine Leere im Lieben, ebenso wie im Begehren und in der Anziehung. Sie sind das gleiche Begehren und die gleiche Anziehung, die diese Welt erschaffen haben. Sie haben dich dazu veranlaßt, dich mit Empfindungen umgeben zu wollen. Es war genau diese Kraft, die dich dazu gebracht hat, erfahren zu wollen, was es heißt, menschlich zu sein. Feiere dein Begehren als eine Spiegelung der Quelle.

Du wartest darauf und erwartest, daß dir jemand anders sagt, wie du leben, beten, dich selbst lieben sollst. Du erwartest, daß Liebhaber deine Liebe erwidern, aber sie tun es nicht. Unter diesen Umständen ist deine Erwartung dein Liebhaber. Deine Erwartung ist ein Liebesersatz. Liebe deine Erwartungen, bis du ihrer müde bist und sie deiner. Wenn du zu sehr an ihnen hängst, werden deine Erwartungen zu deiner Nemesis[24], zu deinen »Feinden«.

Du kannst sogar noch bedürftiger danach werden, daß andere deine eigenen Schwächen spiegeln. Es kann sein, daß du es nötig hast, daß andere Menschen dir weh tun, um dich selbst zu bestrafen. Nachdem du dies viele Male getan hast, stirbst du entweder, oder du beginnst zu lachen. Ich habe sehr oft gelacht, weil die Sache oder die Person, die ich wollte, mein Wollen nicht erwiderten. Sie hatten nicht die Werkzeuge, sich um mich zu kümmern. Manchmal gab ich dann auf, sie zu lieben, weil sie so waren wie sie waren, und stellte fest, daß die Liebe mich wollte. Das Herz wählte mich als einen Pfad, sich zu öffnen. Liebe kam zu mir, wenn ich alle Hoffnung aufgegeben hatte, sie zu finden.

Das Ego, der Verstand und die Persönlichkeit reden so viel über Liebe. Aber erinnere dich daran, daß das, was du wirklich begehrst, auch dich begehrt. Es ist ein Gesetz der Schöpfung. Wenn du sinnliche oder lüsterne Träume hast, materialisieren sie sich dann immer? Nein, und wenn sie es tun, ist es deshalb, weil deine Seele ihre Ankunft vorbereitet hat und auf diese Weise die Liebe retten wollte. Leben kann dir nur Heilung geben.

[24] A. d. Ü.: Griechische Göttin der Vergeltung

»Warum gibt es dann soviel Schmerz?«

Weil du glaubst, daß Schmerz existiert.

»Aber ich fühle den Schmerz.«

Weil du ihn erschaffen hast. Richtiges Denken besteht darin, um etwas anderes zu bitten.

»Aber er ist immer noch da.«

Wir erfahren Schmerz, wenn wir Einsamkeit oder Trennung als etwas Schlechtes beurteilen. Es gibt nichts, was an Trennung schlecht ist. Sobald wir uns endlich trennen, beginnen wir auf natürliche Weise, uns wieder zu vereinen. Urteile verhindern, daß die Trennung ihre Aufgabe erfüllen kann.

»Was geschieht, wenn der Schmerz sich als körperliche Krankheit oder als Leiden beliebiger Art materialisiert hat?«

Dann hast du gelernt, Gedanken in der körperlichen Welt zu manifestieren. Erinnere dich daran, wie du das getan hast, und wiederhole es mit anderen Gedanken.

»Als ich zu heilen begann, zog ich mehr bedürftige Menschen an. Warum?«

Viele haben vergessen, irgend etwas für sich selbst zu tun. Viele wollen geheilt werden, ohne jegliche Arbeit dafür zu tun. Nichts, was dauerhaft oder lohnend ist, wird ohne Mühe erreicht.

»Ich habe mich selbst darin verloren, anderen zu helfen. Das ist das, was die Leute mir sagen.«

Was ist deine Motivation? Dich verschreckt wieder in deine alten Muster zurückzuziehen? Hattest du nicht das Wissen und die Mittel, für dich selbst zu sorgen?

»Wer bin ich?«

Ein Licht ohne Form, eine optische Täuschung, ein Klingen. Wir sind nicht fest. Wir lösen uns den ganzen Tag auf. Es gibt Momente, in denen du unsichtbar bist, in denen du nichts träumst.

»Warum träume ich?«
Um den wachen Verstand davon abzuhalten, zu glauben, daß nur er allein existiert.
»Werde ich aufhören zu träumen, wenn ich erleuchtet oder spirituell weiter entwickelt bin?«
Wenn du aufhörst zu träumen, hörst du auf zu existieren. Wenn du nicht existieren willst, gibt es andere Wege, das zu tun.
»Warum sollte ich nicht existieren wollen? Warum sollte ich nicht das Leben erträumen wollen?«
Weil du deine Depressionen und deine Stimmungen nicht als ein Sammeln des Seelenfeuers liebst. Du willst vielleicht nicht sein, weil du nicht in dem spirituellen Hier-und-Jetzt auf der Erde leben willst. Keine der anderen Dimensionen bietet die Möglichkeiten, die du hier hast. Es gibt einen Himmel auf Erden, einen Garten Eden direkt hier auf der Erde. Nimm ihn wahr. Das ist das Versprechen, das du Gott gegeben hast.
»Warum habe ich Angst vor Veränderung?«
Weil es nichts zu verändern gibt. Was sich verändert, sind nur deine Gefühle und deine Gedanken über den Fluß. Der Fluß ist eine Metapher für das Leben. Wie können wir den Fluß in unserem Innern tragen und uns gleichzeitig seiner Kraft bewußt sein? Veränderung kommt von der Göttin und geht sehr leise vor sich. Veränderung ist eine Art Mimikry. Du warst immer die Stille. Die Seele ändert sich, während sie aus dem Innern der Stille auftaucht und gefühlt wird.
»Warum bist du so vage und unklar?«
Es gibt im Leben viel zu verdauen. Das Leben braucht ein Paradox, um sich selbst aufzuheben. Was für den einen Menschen vage erscheint, enthält für einen anderen den ganzen Samen. Es ist eine Frage des tiefen Gefühls, des Wissens um das Leben, so wie es ist.

»Warum wollen wir die Erde verändern, um sie zu heilen?«

Die Erde hat dich gebeten hierherzukommen, um Zeuge ihrer Geburt durch dich zu sein. Du bist nur die Oberfläche, während das Zentrum der Erde unberührt bleibt, ein Ei, das von der Menschheit unbehelligt ist, eine Quelle der Schöpfung.

»Wer bist du, daß du diese Dinge weißt?«

Ich bin ein Sternenreisender, der im Moment in deiner Zeit weilt, um Begehren als Liebe zu erfahren. Ich kam hierher, um berührt zu werden.

»Warum ist das Leben so schwer?«

Weil wir nicht die Frequenz des Holzes angenommen haben. Wir sind nicht hart geworden.

»Wenn wir zum harten Holz werden, was geschieht dann?«

Wir hören auf, hart zu sein.

»Ändert sich Materie so, wie sich unsere Gedanken ändern?«

Es scheint nur so, als ob wir die Form verändern können. Nach dem Tod wirst du leichter und leichter, bis du dich ins All auflöst. Dann, wenn du ein Ziehen spürst, das All zu verlassen, kehrst zu wieder zurück zur Form. Während du eine Form besitzt, hast du doch das All nie verlassen. Du veränderst dich niemals, du sammelst Leben in dir selbst, jede Erinnerung, jedes Ereignis, jeden Gedanken, und deine Seele bewahrt dies für immer in sich. Deine Seele erschafft alles im Bild des Alls, um sich selbst kennenzulernen.

»Ist das nicht ein Prozeß des Werdens?«

Nicht, wenn du die Dinge zur Liebe zurückgibst. Sie schwingen mit dem Zentrum der Erde und dem Zentrum der Galaxie. All unsere Seelen werden als eins zur Liebe zurückgegeben.

»Was geschieht dann?«
Das Leben wird transparent. Transformation ist Transparenz. Du bist hier, um alles zur Liebe zurückzugeben. Du bist ein unsichtbares Erwachen der Liebe in der Form. Etwas Größeres träumt dich und tanzt deine Form aus einer anderen Dimension mit herrlicher liebevoller Sorgfalt in Existenz.
»Wer sind die Elohim? Die Schöpfergötter?«
Sie sind Wesen, die dir sehr ähnlich sind. Sie sind darin bewandert, Welten zu erschaffen. Du wirst zu Elohim.
»Was ist Channeln?«
Es ist die Kommunikation von Licht, das Lesen verfügbarer Informationen. Es ist an sich nicht wichtig. Es entsteht durch den Wunsch, du selbst zu werden, die Quelle demütig anzuerkennen und zu erkennen, daß sie du selbst in anderer Form ist.
»Was ist Schönheit?«
Das Nachsinnen der Liebe über sich selbst.
»Wann werde ich mich schön fühlen?«
Wenn du die Depression, das Negative als etwas liebst, was ein Gefäß erschafft, einen Kessel mit Wasser, in dem du dich selbst sehen kannst.
»Wie viele Welten gibt es?«
Zahllose und keine. Du bist die Welten – die Galaxien befinden sich in deinem Körper. Ein Mensch enthält jedes Metall, alle vierzehn Elemente – alles, was im Universum existiert.
»Was ist Entfernung?«
Eine willkürliche Verwirrung, die die Menschen wahrnehmen. Deine Augen fokussieren sich auf die Entfernung, aber sie ist nicht real.
»Was ist Existenz?«
Die Blätter, die sich umdrehen. Das Gesicht des Windes, das dir auf deine Wange bläst. Die kalte Berührung ei-

nes Bachs im Winter. Die Einsamkeit des Patriarchats oder der Matriarchate, die fürsorglich waren, aber vergaßen, auf den Beitrag der Männer zu hören. Die Leere, die eine Blume fühlt, wenn sie nicht bewundert wird. Dein Weglaufen vor dir selbst in die einsamste Ecke, um aus der Einsamkeit einen Segen zu machen und sie in ein Vergnügen zu verwandeln.

»Was ist Vergnügen?«

Vergnügen ist, zuzugeben, daß das Universum dein Wachstum von einem Samen in eine Form unterstützt.

»Was kommt nach dem Licht?«

Neue Formen, neue Freuden, ein großes Spiel.

»Was ist die fünfte Dimension, und existiert sie jenseits der Form?«

Sie ist nicht dual, weder dies noch das. Sie ist das, wo du herkommst, wenn du dich hierher projizierst.

»Was ist Einsamkeit?«

Einsamkeit ist, dein Wesen nicht mit genügend Klarheit und Eindringlichkeit auszudrücken, so daß du keine Antwort erhalten kannst. Sie ist, zu denken, daß du über dem Leben stehst, wenn du dich in Wahrheit »darunter« befindest. Viele deiner Aspekte sind tatsächlich unterirdisch – unterhalb deiner Bewußtseinsschwelle. Dein Reptilgehirn ist immer noch verborgen. Du sehnst dich danach, die Dunkelheit, die Schwarze Madonna, kennenzulernen. Blick tiefer in den Kern dieses Planeten hinein. Er ist ein Juwel in der Dunkelheit mit einem Kern so hell und glänzend wie die Sonne.

»Warum haben wir eine Sonne?«

Um uns an der Quelle zu orientieren.

»Warum haben wir einen Mond?«

Der Mond ist wie die Sonne, wenn du diese Welt verläßt. Er ist die Spiegelung des Instinkts. Als Mutter der Form kann der Mond dich umarmen. Luna fühlt und ist lebendig. Die Lehre des Monds ist die Lehre der Hingabe. Du nennst den Mond die »Göttin Sünde« und machst die Mondgöttin dann »sündhaft« auf der Erde. Du sündigst, wenn du nicht reflektierst, nicht widerspiegelst.

»Was sind Jupiters Eigenschaften?«

Die Meisterschaft des Spielens und die Erinnerung daran, wie man unbeschwert spielt.

»Was wird in den nächsten Jahren geschehen?«

Die galaktischen Zyklen der Zeit und der Maya-Kalender deuten alle auf eine Zukunft hin. Die wirkliche Zukunft ist eine Frage, ein Werden. In Wirklichkeit gibt es keine Zukunft. Wahrscheinlichkeiten können zu Versklavung führen. Die Zukunft ist ein kreativer Akt und ist nicht wichtig. Die Seele erhebt sich aus der Zeit.

»Besteht die Seele nicht aus vielen Stimmen?«

Seelen wurden erschaffen, um die Erde zu fühlen. Sie sind vielstimmig. Sie können beunruhigen oder Freude bringen. Eine Essenz existiert jenseits der Seele, und sie fühlt ebenso. Die Jaguarseele lehrt den richtigen Weg, auf der Erde zu sein: die Seele mit einem Kolibri in ihrem Herzen.

»Was ist Dienst?«

Niemand dient irgend jemand oder irgend etwas. Mitgefühl bedeutet, niemanden getrennt von dir zu sehen. Lehre die Mittel, mit denen man das Selbst in seine Existenz führt. Deine Aufgabe besteht darin, Seele und Gott in deinem Körper zu reinkarnieren. Es gibt eine Zeit, keinen Dienst zu tun, sondern innezuhalten, sich nach innen zu kehren und dem Selbst zu dienen. Du konfrontierst alle deine Selbstsüchtigkeit, und dann dienst du wieder.

»Warum schätzen wir uns nicht?«

Anerkennung und Wertschätzung sind Geschenke. Sie stammen daher, auf dich selbst und die Arbeit, die du getan hast, zurückzublicken. Niemand kann sich wirklich selbst schätzen, weil Wertschätzung von einem anderen Ort kommt, an dem du bereits als wunderbar geliebt existierst.

»Was ist Selbstakzeptanz?«

Eine Einsamkeit, ein Bedürfnis, gewollt zu sein. Niemand muß dich wollen. Umarme den Mangel an Liebe in der Welt, die Dunkelheit, und entwickle dich durch alles Elend, das du erschaffst. Dann öffne dich einem neuen Ort, einem neuen Zuhause. Dies ist der Zugang. Das Herz, das sich allem stellt, ist erfüllt. Du bist über Akzeptanz hinaus. Öffne deine Hände einem »Anderen« deiner selbst.

Akzeptierst du dich dann selbst?

»Nein, nicht immer.«

Bitte um etwas Größeres als Selbstakzeptanz.

»Größer als das Selbst?«

Ja. Liebe und das reine Gefühl der Schöpfung.

Die Seele ist ein lebender Dialog, bei dem beide Seiten gleichberechtigt miteinander interagieren. Wir wollen hier über die Lehrer-Schüler-Beziehung hinausgehen. Es wird auf der Erde kein Unterrichten mehr geben. Wenn deine Seele vollkommen inkarniert, wirst du von der Erinnerung an alles erfüllt sein, und du wirst dich langsam über alle Grenzen hinausbewegen. Du wirst immer noch Grenzen haben und Einsamkeit erleben, aber alles, was du tun mußt, ist leidenschaftlich spielen. Du wirst Farben hören und Klänge sehen, wie es die Devas tun. Du wirst zu Liebe, Gnade und dem gegenwärtigen Moment werden, und dann wirst du viele Geschichten erzählen. Du wirst als Blitz in die Materie kommen und dann fest auf der Erde stehen und dein Zuhause auf ein starkes neues Fundament bauen.

Schluß

Die Reise, auf die ich dich mitgenommen habe, ist eine Feier des Lebens, der Pfad des Kolibris, ein Gleichgewicht zwischen dem Tod und dem Aufgang der Mitternachtssonne. Während wir uns wieder an einem Verständnis der Nichtdualität orientieren, gehen große Veränderungen in dieser Welt vor. Wir sehen die Schönheit und die Kompliziertheit des Web of Wyrd und die gegenseitige Abhängigkeit allen Lebens auf dem Medizinrad durch unser drittes Auge. Dies ist unsere Heimkehr. Wir erwachen zur Seele, unserem essentiellen Selbst, in der Materie. Der Blitz trifft den Kolibri in unseren Herzen.

Mein ganzes Leben lang habe ich eine tiefe Verbindung zum Unbewußten erlebt. Ich habe Traumarbeit betrieben und versucht, anderen das Numinose zu enthüllen. Diese Arbeit kommt von der Seele und benutzt mich als ihr Vehikel. Mediale Fähigkeiten wie Klarfühlen, Klarhören und das vertrauliche Gespräch mit Pflanzen, Tieren und Geistern sind in meinem Erleben normal. Ich fühle mich wie die Katochoi, Menschen, die im Dienst des Gottes oder der Göttin standen und im Altertum in freiwilliger Abgeschiedenheit in Klostern und Tempeln lebten. Ich war in vielen Welten Katochoi und bringe eine vollständige Erinnerung an andere Leben und gleichzeitige Existenzen in dieses Leben mit. Diese Integration von Wissen in Erfahrung ist die Geschichte dieses Buchs und beschreibt die ersten dreiunddreißig Jahre meines Lebens.

Die zentrale Lehre meines Lebens ist unsere Beziehung zu unserer innersten Seele und die Suche nach dem inneren Mann in der Partnerschaft und die Gleichberechtigung mit der inneren Frau. Die heilige Ehe der Gegensätze war wiederholt meine Einweihung, sogar in meinen vorgeburtlichen Erinnerungen daran, ein Zwilling gewesen zu sein. Ich habe Nichtdualität erfahren, die Ewigkeit im Vergänglichen gesehen und über die Komik gelacht, in Welten zu leben, die sowohl göttlich als auch banal sind.

Vom Blitz getroffen zu werden hat meine Energien erweckt und verfeinert. Den ersten explosiven Momenten folgten Einsamkeit, Betrachtung und Urteilskraft. Während der anschließenden Monate und Jahre wurden meine Depressionen zu hilfreichen Mitteln, in das Unbewußte einzutauchen. Manchmal erzeugten sie eine radikale Introvertiertheit ebenso wie neue Ideen, gesündere Reaktionen und längere Zyklen des Spielens.

Eros, das göttliche Kind, ist ein Symbol für den positiven männlichen Initiator. Der Gott in uns hat sowohl ein männliches als auch ein weibliches Gesicht, und sie sind sowohl eins als auch verschiedenartig. Die Sternenperson lernt, durch die Erfahrung des menschlichen Lebens zu fühlen. Epaphus, der griechische Gott der sinnlichen Berührung, lehrt uns, niemanden und nichts zu besitzen. Eros setzt die Seele in Flammen, um sie zu reinigen. Solche Lektionen sind in dieser Welt nicht leicht, aber Gefühl ist die wahre Quelle der Individualisierung.

Es war nicht leicht, sich normal zu fühlen, da ich so von Geschenken des Geists überhäuft worden bin. Mein größtes Geschenk und mein größter Lehrer ist der Puer Eternus, der Geist des ewigen Jünglings, gewesen. Er hat den Kolibri gelehrt, seinen Schatten zu erkunden, sich an seinen Vater zu binden, seine innere Frau von seiner Mutter zu differenzieren, seine Seele zu entdecken und durch den Sonnengott im Innern eingeweiht zu werden.

Der Puer hat mich dem Weisen Alten Mann vorgestellt, mit dem ich mich in meiner Psyche unterhalten habe. Meine frühen Dialoge mit Christus und später mit eingeborenen Indianern und Kahuna-Ältesten haben mir geholfen, das Gespräch mit meinem Vater zu ermöglichen, als dieser an Krebs erkrankt war. Der Junge Mann und der Alte Mann haben sich in einer ewigen Unterhaltung in meiner Seele zusammengefunden, und sie haben mir dabei geholfen, heranzureifen.

Weisheit kommt durch das Gleichgewicht zwischen Logos und Eros, Wissen in Kombination mit der Erfahrung des Herzens. Meine privaten Heilungssitzungen mit anderen waren eine Quelle ständiger Überraschung und Freude. Die Arbeit hat mir geholfen, mich auf die Gegenwart zu konzentrieren und aufmerksam zu bleiben und mich durch den Ruf nach Nähe herausfordern zu lassen.

Der Kolibri befindet sich aufgrund seiner hohen Schwingungsfrequenz dem Tod so nahe, daß er nicht eingesperrt werden kann, weil er dann stirbt. Mit seinem schnell schlagenden Herzen und seinen schnellen Flügeln befruchtet er die Blumen und zieht den Nektar aller Dinge heraus. Ich habe in diesem Leben zwei Nahtoderfahrungen und viele kleine Tode erlebt. Ich habe gelernt, keinen Kult aus Schönheit oder Ästhetik zu machen, sondern offensichtliche Häßlichkeit zu lieben.

Um die Häßlichkeit in den Schatten zu integrieren, mußte ich den schwierigen Prozeß durchmachen, meine positiven und negativen Mutterkomplexe loszulassen. Ich wurde zum Sohn und Liebhaber der Großen Mutter, aber ich mußte auch lernen, mein gewöhnliches Selbst zu finden und mich damit abzufinden, menschlich zu sein.

Ich bin dem Leben für diesen Prozeß dankbar. Das Hier-und-Jetzt ist der Ort zum Sein. Ich bin nicht hier, um die Welt zu retten, sondern, um das Selbst, den inkarnierten Gott, die kollektive Geburt des Erdenkindes als Liebe zu realisieren.

Liebe ist sowohl ein Mysterium als auch ein normales menschliches Ereignis. Die Bescheidenheit, die wir durch den Prozeß des Liebens lernen, hält uns in göttlichen Gefäßen zusammen. Die Natur hilft uns, Gefäße zu bauen, die unsere tiefsten kreativen Kräfte schützen. Geschichtenerzählen, Malen, Poesie, Schreiben, Singen, Tanzen, Geomantik, Musik, Theater – dies sind die Inspirationen unserer Musen und unser Zweck beim Schaffen von Gemeinschaft. Die größte Kreativität kommt aus der Tiefe, wenn wir lange genug dort bleiben. Doch sogar die perfekte Schöpfung hat einen Makel. Wir müssen unsere Unvollkommenheit als unsere Schönheit lieben und uns für den einen, der kommen wird, sammeln, den einen, der alles verkörpert.

Konflikte zu umarmen erlaubt dem Schatten, lebendig zu werden und sich mit gesunder Aggression und gutem Urteilsvermögen zu verbinden. Ich war schon immer in den Höhen zu Hause und fühlte mich unvergänglich, aber ich bat den gehörnten Gott und den Mithras-Stier, einen neuen Mann zu erschaffen, einen Hüter der Erde, der zerrissen und auf neue wilde Weise wieder zusammengesetzt werden konnte. Schließlich wurde der Mann in mir zu einer neuen Person, deren Zweck darin bestand, dem Leben zu dienen.

Die Treffen mit meiner Geistfrau enthüllten tiefe Mysterien über die Brücken zwischen Erde und Himmel. Heute spüre ich, wie der Jaguar des Südens und der Adler des Nordens dabei helfen, die Brücke zu formen, die wir alle auf diesem Kontinent bauen müssen. Jetzt kommen die Stämme und die Rassen nach der Einweihung des Schattens zusammen, und die Einheit von Männlichkeit und Weiblichkeit kennzeichnet die nächste Phase unserer Entwicklung.

Meine Geschichte ist die des Osiris, eines neuen Mannes, der auch die Androgynität des Mann-Frau-Schamanen besitzt. Er erleuchtet beide Geschlechter, um sie vollständig zu integrieren und zu verheiraten. Der Becher der Seele enthält den Stein der Weisen. In Glastonbury fand ich meinen Becher mit Rosen und Einsichten in die Rückkehr zur Liebe und zur Unschuld gefüllt. Ich mußte zum niedrigeren Selbst und zu Alcyone in den Plejaden reisen, um die Lehren des Schwarzen Wigwams zu sehen und die Redensart »wie oben, so unten« zu verstehen. Dann ließen die blauen Kolibris ihre Federn direkt in mein Herz fallen.

Das Ameisenvolk hat mir beigebracht, geduldig und ein Kind der Mutter Erde zu sein und mich in der Vierten Welt, unserem gegenwärtigen Zeitalter, vollkommener zu zeigen, um dann bewußt in der Fünften Welt der Harmonie aller Wesen aufzutauchen. Das ist es, was passiert, wenn der Blitz einen Kolibri trifft: Beschleunigung und Vollendung der Vergangenheit und die Geburt einer neuen Spezies in einer anderen Dimension. Ich mußte die Vereinigung von Dunkel und Licht gebären und sowohl Seth als auch Osiris in meinem Innern finden. Ich mußte lernen, meinen idealistischen Wunsch als Born-Again-Christ, Gutes zu tun, mit meiner dunklen, aggressiven Männlichkeit zu verbinden.

Träume leiteten mich auf dem Weg zur Integration des Besten und des Schlechtesten in uns. Ich begann, die Alchemie meines Schattens und sein letztliches Aufhellen in der mentalen Vereinigung der Gegensätze zu lieben. Dann kam die rote Einweihung: Ich sah das Leben, wie es ist. Und zum Schluß stand die Einheit mit dem Kosmos, das Auftauchen in Gold und darüber hinaus in ein neues Farbspektrum, das wir gerade erst zu sehen beginnen. Gerade wenn wir anfangen, mit einer Dimension oder Welt vertraut zu werden, treten wir in eine neue, ganz andere ein, und sie verändert uns für immer.

Ich spreche zu dem universellen Selbst in allem: Pflanzen, Tieren, Devas, Fetischen, Engeln, Sternen, aller Schöpfung in ihrem ursprünglichen Auftrag. Ich habe Horus als meine neue Persönlichkeit, das göttliche Kind, und den Alten Mann Horus, meinen Führer, getroffen. Während dieses Prozesses haben sich meine eigenen Gefühle der Unterlegenheit und die wunderbaren Fehler, die ich gemacht habe, als einige der größten Geschenke herausgestellt.

Auf meiner Reise habe ich die Perle der Seele gefunden, den Kosmos im Inneren, und habe niemals jene Wahrnehmung des Lebens verlassen. Es ist in der Tat die Stille, die keiner jemals verlassen hat. Ich habe jene Perle während meiner Tempelleben versteckt gehalten, komme aber jetzt mit ihr hervor, um sie mit euch zu teilen. Vielleicht habe ich das Gold zu früh gefunden, und weitere meiner niedrigen Seiten werden als Folge ans Licht kommen. Wenn dies so sein sollte, freue ich mich auf die fortdauernde Entfaltung.

Gott ist in die Gebärmutter, in die Mutter, zurückgesunken und in uns bewußt geworden. Sie/Er taucht nun von unten auf. Wir öffnen uns der Seele, dem Gott-Selbst und darüber hinaus – und scheinbar zu einem hohen Preis. Gott inkarniert nun vollständig in der

Materie, und nichts ist mehr wie zuvor. Unsere alten Überzeugungen, unser altes Anhaften und unsere alten Heilmethoden versagen alle. Unsere gebrochenen Herzen öffnen sich auf eine neue Art. Die Risse und Wunden in uns haben Gott ermöglicht, ans Licht zu kommen. Gott wird in uns als das göttliche Kind geboren. In den liebevollen Eltern dieser Welt zeigt sich eine aufkommende Reife.

Eine der großartigsten Lektionen ist es, zu lernen, wie man über sich selbst lacht und die Dinge nicht zu ernst nimmt. Lachen ist die Wurzel aller Hoffnung. In einer Aussprache hört sich das englische Wort Pleiades (*Play*-ades) sehr verspielt an, während Sirius (*serious*) sehr ernsthaft in seinen Mysterien ist.[25] Wir sind hier, um flexibel zu sein, auf die Feuer, die Geisthüter der Vier Richtungen, zu hören und die niedrigeren und höheren Götter gleich stark zu lieben. Dann können wir unsere Träume von bedingungsloser Liebe manifestieren und anfangen, ein Leben im Dienst der Welt zu führen.

Gott/Göttin ist immer hier, ob wir hinausrufen oder nicht. Wie Rumi in einem Gedicht mit Namen »Sei schmelzender Schnee« sagt, ist »Gott in dem Blick deiner Augen, im Gedanken des Erblickens, dir näher als du selbst oder Dinge, die dir passiert sind. Es gibt keine Notwendigkeit, nach außen zu gehen. Sei schmelzender Schnee. Wasche dich selbst in dir selbst. Eine weiße Blume wächst in der Stille. Laß deine Zunge diese Blume werden.«

Ich fühle sowohl meine Beschränkungen als auch meine Unbeschränktheit, die Ehe des Schurken und der Zigeunerin in mir, und die Ehe des Königs und der

[25] A. d. Ü.: Engl. *play*, spielen; engl. *serious*, ernst

Königin. Einweihung in Träumen ist gleichzeitig sanft und numinos. Das Leben ist ein Paradox, und wir müssen das Paradox zwischen den Toren leben, während wir im Moment des vollen Bewußtseins frei durch alle Zustände wandeln. Wir müssen uns der Integrität hingeben und unsere Körper für ihre dimensionalen Übergänge lieben. Laßt uns unsere Körper fühlen und uns ausruhen, während wir dieses globale Erwachen erleben.

Es steigen so viele Gefühle aus dem Überfluß meines Herzens für euch auf. Der Erzengel Gabriel, der Offenbarer göttlicher Botschaften, wollte, daß ich dieses Buch mit Freude schreibe. Gabriel kam zu Maria, um sie Hingabe zu lehren, und zu Daniel in der Löwenhöhle, um Träume zu deuten, zu Zacharias, um ihm vom Kommen des Johannes des Täufers zu erzählen. Gabriel lehrt, das Herz für eine persönliche und kollektive Wiedergeburt von 1992 bis 2013 zu öffnen. Öffne dein Herz, um Khidr, den grünen Mann, zu empfangen. Er wird dich mit dem Ozean, dem Regen, der Reinigung, den Walen und Delphinen verbinden, die uns eine neue Gemeinschaft beibringen.

Willkommen in den Mondreichen der Zyklen, der Regenbogenbrücke des Vertrauens, damit du die spirituelle Geburt des Lehrers, Anführers und Heilers erkunden kannst, der jedem innewohnt. Laß dich hinreißen. Füll den Becher der menschlichen Güte. Schließe alle Welten innerhalb dir selbst und eine Akzeptanz des Neuen unter Tränen des Loslassens ein.

Alles steht jetzt für die Entwicklung zu Güte und Achtsamkeit zur Verfügung. Wir erwarten nun die Mitternachtssonne und eine neue Dämmerung. Laßt unsere neuen Gemeinschaften Chaos und Ordnung zu »Wholarchien«[26], Mandalas und *Womand*alas[27], Kreisen aus

Ältesten und jungen Leuten, vereinen – und alles teilen, alles einschließen.

Ich habe meinen alten Mann, meinen jungen Mann, mein Kind, meine Eltern und meine innere Gemeinschaft des Selbst mit euch geteilt. Mögen wir sowohl erdunkelt als auch erleuchtet werden, während die Großmütter und Großväter uns ihre Weisheit in unsere Zellen weitergeben. Mögen unsere Abenteuer in Dankbarkeit beginnen, und mögen wir alle unsere Geschichten erzählen. Alles ist göttlich und heilig.

Auf alle unsere Verwandten. Und, wie die Maya sagen: »*In Lak'ech:* Ich bin ein anderes du selbst.«

[26] A. d. Ü.: Kunstwort aus engl. *whole*, ganz, und griech. *archein,* herrschen, also etwa »ganzheitliche Herrschaft«

[27] A. d. Ü.: Wortspiel, engl. *Woman,*-Frau, *man,*-Mann

Neu im /Stb

Holger Kalweit

Die Welt der Schamanen
Traumzeit und innerer Raum

ISBN 3-89767-435-1

Zensho W. Kopp

ZEN und die Wiedergeburt der christlichen Mystik
Ein Wegführer zum wahren Selbst

ISBN 3-89767-426-2

Marielu Lörler

Die Jetzt-Übung
Wo Geist und Körper verschmelzen

ISBN 3-89767-432-7